PAPST FRANZISKUS

**Die Spaltung
unter uns Christen
ist ein Skandal!**

camino.

gemeinsam auf dem Weg

PAPST FRANZISKUS

Die Spaltung unter uns Christen ist ein Skandal!

Herausgegeben von Stefan von Kempis

camino.

Für Christoph, Isabelle und die kleine Viktoria,
unsere Freunde in Kriegsfeld

Stefan von Kempis ist Redakteur in der deutschsprachigen
Abteilung von Radio Vatikan

Ein CAMINO-Buch aus der
© Verlag Katholisches Bibelwerk GmbH, Stuttgart 2017
Alle Rechte vorbehalten

Die Texte von Papst Franziskus:
© Libreria Editrice Vaticana

Umschlaggestaltung: wunderlichundweigand, Schwäbisch Hall
Umschlagabbildung: © KNA. Alle Rechte vorbehalten.
Satz: Finken & Bumiller, Stuttgart
Herstellung: Finidr s.r.o., Český Těšín
Printed in the Czech Republic

ISBN 978-3-96157-009-6
E-Book: ISBN 978-3-96157-997-6

Inhalt

Einleitung

Am 13. März 2013 brach etwas Neues über die von Martin Luther einst so bitter geschmähte Papstkirche herein: Ein argentinischer Erzbischof, den bis dato keiner der Vatikan-Auguren auf dem Schirm gehabt hatte, stand als eben gewählter Petrusnachfolger auf der Loggia von Sankt Peter. Er sei der neue »Bischof von Rom«, so stellte sich Franziskus vor. Und er schlug schon mit seinen ersten, frei formulierten Worten eine Brücke in die Ökumene: »Jetzt beginnen wir diesen Weg – Bischof und Volk –, den Weg der Kirche von Rom, die den Vorsitz in der Liebe führt gegenüber allen Kirchen.« Dieses »Vorsitz in der Liebe« war ein wörtliches Zitat aus einem Brief des hl. Ignatius von Antiochien († 107): Es ist die Formel, mit der das Amt des Papstes in ökumenischer Hinsicht üblicherweise gekennzeichnet wird.

»Vorsitz in der Liebe«: Da will das Papsttum hin, um einen Dienst an der Einheit aller Christen zu leisten, statt ein Stolperstein für die Einheit zu sein. Hätte Martin Luther an diesem Abend vor dem Fernseher gesessen, um die Papstwahl mitzuverfolgen – er hätte seinen Ohren nicht getraut. Von einer »Revolution von oben« spricht der Kirchenhistoriker Josef Gelmi.

Für eine Konversion des Papstamtes

Mit der Wahl von Jorge Mario Bergoglio zum Papst ist ein neuer Ton in die Beziehungen des Vatikans zu Christen anderer Konfessionen eingekehrt. Einige Ansätze des Papstes zu einer Reform seines Amtes, der Kurie und der katholischen Kirche insgesamt haben auch in ökumenischer Hinsicht Erwartungen und Hoffnungen geweckt; zu diesen Ansätzen gehören ein bescheideneres Auftreten, eine mehr prophetische als doktrinäre Ausrichtung, Versuche der Dezentralisierung, die Stärkung beratender und synodaler Strukturen, die neue Betonung der Kollegialität unter Bischöfen und der Kirche als »communio« (Gemeinschaft), die Aufwertung von Bischofskonferenzen – und die Einsicht, dass Rom nicht alles entscheiden muss.

»Der Papst scheut sich nicht, sogar von einer Konversion des Papsttums zu sprechen« und damit das Schlagwort einer bekannten ökumenischen Denkschrift von 1991 aufzugreifen[1]: Wie Johannes Paul II. und Benedikt XVI. bittet er um Vorschläge aus anderen Kirchen und christlichen Gruppen, »wie das Petrusamt, ohne seine Substanz aufzugeben, heute in einer Weise ausgeübt werden sollte, in der es allgemein akzeptiert werden kann«[2]. All dies sorgt für Aufmerksamkeit bei Christen anderer Konfessionen.

Hinzu kommt, dass der Papst – etwa in seinem programmatischen Apostolischen Schreiben »Evangelii Gaudium« vom Herbst 2013 – entschlossen christozentrisch auftritt, die Bedeutung der Heiligen Schrift betont und der Predigt und dem Verkünden einen hohen Stellenwert einräumt. In diesen Punkten ist er dem Denken Luthers und der Reformatoren sehr nahe. Vatikankenner Jürgen Erbacher urteilt bündig, der Papst wolle eine »evangelische Reform« seiner Kirche, eine »Form der Reformation der katholischen Kirche«[3].

---

1 Kardinal Walter Kasper, Papst Franziskus – Revolution der Zärtlichkeit und der Liebe, Stuttgart 2015, S. 67 und S. 79.
2 Ebd., S. 69.
3 Jürgen Erbacher, Ein radikaler Papst, München 2014, S. 223.

Manches bleibt Skizze und Entwurf, aber spürbar hat sich durch Franziskus etwas in Bewegung gesetzt. »Vorwärtsgehen«, »hinausgehen« und »Kirche im Aufbruch« gehören nicht von ungefähr zu den Lieblingsvokabeln dieses Papstes. Die Kirche darf aus seiner Sicht kein in sich geschlossenes, selbstgenügsames System sein – das versucht er nicht nur in seiner eigenen Kirche durchzusetzen, das sorgt auch für aufregende ökumenische Perspektiven. »Denn indem der Papst Ballast abwirft, der sich im Laufe der 2000-jährigen Kirchengeschichte … angehäuft hat, bieten sich neue Chancen des Miteinanders der Konfessionen«[4].

Kultur der Begegnung

Eines der wesentlichen Kennzeichen einer Ökumene à la Bergoglio besteht in der Begegnung. Kardinal Kasper hat in seinem bereits zitierten Buch festgestellt, dass in den ökumenischen Beziehungen über Jahre hinweg eine gewisse »Stagnation und Müdigkeit«[5] geherrscht habe: »Ein neuer Anstoß und eine neue Vision waren nötig.« Und die habe Franziskus »auf seine ganz persönliche Art«[6] gebracht, durch die Begegnung nämlich.

Natürlich haben sich in den letzten 50 Jahren seit dem Zweiten Vatikanischen Konzil immer wieder Päpste mit Exponenten anderer Konfessionen getroffen, aber Bergoglio hat das Begegnen zu einer Kunst erhoben: »Kultur der Begegnung« heißt sein Stichwort. »Sich begegnen, gegenseitig das Gesicht sehen«, das sind nach seiner Überzeugung »wesentliche Dimensionen« des Wegs zur Einheit der Chris-

4 Ebd.
5 Kasper, wie Anm. 1, S. 76.
6 Ebd., S. 77.

ten; »echter Dialog« sei nicht so sehr ein Austausch »von Ideen« als vielmehr »eine Begegnung zwischen Menschen« (Ansprache in Istanbul, 30.11.14). Menschen mit einem Namen, einem Gesicht, einer bestimmten Geschichte ... und natürlich auch mit ihren Macken. Menschen, auf die man sich einlassen sollte.

Für die Unterschiede zwischen dem katholischen und anderen christlichen Lehrgebäuden scheint sich Franziskus nicht über Gebühr zu interessieren: Er sieht sich auf einem gemeinsamen Weg mit Christen aller Konfessionen, und auf diesen Weg und die Richtung, in die er führt, kommt es an. Alle, die er auf dem Weg trifft, nimmt der Papst als Reisegefährten ernst. Er hört ihnen zu, versucht von ihnen zu lernen, vermeidet Gesten der Abgrenzung. Das Wort von der »Ökumene der Profile« ist ihm noch nie über die Lippen gekommen.

Das Wunder der Einheit hat schon begonnen

Den ökumenischen Dialog der Theologen hält der Jesuitenpapst zwar für notwendig, aber nicht für entscheidend – entscheidend ist das gemeinsame Unterwegssein. Schon jetzt können die Christen trotz aller Divergenzen sehr viel gemeinsam tun: beten, verkündigen, für die Armen und Entrechteten eintreten. Jesus wird uns nach Franziskus' Überzeugung bei seiner Wiederkunft nicht nach unserer Konfession fragen, sondern danach, was wir für die Elenden und Marginalisierten getan haben. »Ich glaube an Gott – nicht an einen katholischen Gott, den gibt es nicht«, sagte er einmal in einem Zeitungsgespräch[7].

Im gemeinsamen Unterwegssein wird das Ziel der Ökumene, nämlich die Einheit, gewissermaßen schon erlebt und vorweggenommen:

7 La Repubblica, 1.10.13.

Einheit kommt für den Papst »nicht wie ein Wunder am Ende«, sondern ist jetzt schon auf dem Weg erfahr- und herstellbar. Statt auf eine perfekte, wasserfeste Einheit irgendwann in der Zukunft zu warten, können wir mit der Hilfe des Heiligen Geistes – und der von Franziskus häufig beschworenen Geduld – heute schon die kleine Einheit des Alltags aufbauen: »Das Wunder der Einheit hat schon begonnen.«

Denn Freundschaft wächst täglich, im Verborgenen; Kontakte bewähren sich, und so wächst aus Franziskus' Sicht auch die Einheit heran und breitet sich aus. Wenn es hart auf hart kommt, im Martyrium nämlich, sind Christen der verschiedensten Konfessionen heute schon geeint, auf paradoxe oder, wenn man will, auf prophetische Weise. Immer wieder weist der Papst darauf hin, dass sich Christenverfolger etwa im Nahen Osten nicht weiter dafür interessieren, ob ihre Opfer Kopten oder Anglikaner sind – es reicht, dass sie Christen sind, um sie umzubringen. Auch das ist für Franziskus Ökumene: die sogenannte »Ökumene des Blutes«.

In diesem Buch geht es vor allem um die Haltung des Papstes zu Martin Luther und den Kirchen, die aus der Reformation vor 500 Jahren erwachsen sind. Ein erstes Kapitel untersucht die Vorstellung von Einheit, die Franziskus hat, und dann werden seine Beziehungen zu lutherischen Christen aus mehreren Blickwinkeln behandelt. Weitere Kapitel nehmen andere Kirchen und christliche Gruppen der Reformation unter die Lupe, während ein Kapitel sich mit den Anstößen des Papstes zur jährlichen Weltgebetswoche für die Einheit der Christen beschäftigt. Natürlich darf auch ein Seitenblick zu den orthodoxen Kirchen nicht fehlen, gerade hier hat sich in ökumenischer Hinsicht in Franziskus' Pontifikat einiges getan, und diese Gegenprobe lässt schärfer hervortreten, woran es den ökumenischen Beziehungen des Vatikans zu den Kirchen der Reformation noch fehlt.

Noch ein Hinweis zum Editorischen: Innerhalb der Kapitel werden die einzelnen Texte in der Regel in chronologischer Reihenfolge aufgeführt. Texte, von denen es keine offizielle Übersetzung ins Deutsche gibt, wurden eigens für dieses Buch vom Herausgeber ins Deutsche übertragen. Von dem Frage-Antwort-Spiel im Kapitel »Früher kamen alle Protestanten in die Hölle« gibt es bisher noch keine Transkription, nicht einmal auf Italienisch; es wurde direkt vom Radio-Vatikan-Audiomitschnitt der Audienz ins Deutsche übersetzt.

STEFAN VON KEMPIS

.

1. Vom Geist gebändigtes Chaos: Was sich der Papst unter Einheit vorstellt

Wir müssen als Katholiken untereinander und auch mit den anderen Christen beten: darum beten, dass der Herr uns die Einheit schenken möge, die Einheit untereinander. Wie sollen wir aber zur Einheit gelangen, wenn wir nicht in der Lage sind, sie unter uns Katholiken zu haben? Sie in der Familie zu haben?

GENERALAUDIENZ, 19.6.13

Mit einer Konferenz in Edinburgh startete 1910 die ökumenische Bewegung – eine Konferenz, an der die katholische Kirche nicht teilnahm, schließlich hatte die Vorgängerbehörde der heutigen Glaubenskongregation die Teilnahme an solchen Begegnungen verboten. Im Vatikan teilte man zwar durchaus das Anliegen einer Einheit der Christen, aber man stellte sich darunter in erster Linie die Rückkehr der Abtrünnigen in die wahre, also die katholische Kirche vor, wie päpstliche Enzykliken in den 20-er und 40-er Jahren des 20. Jahrhunderts erkennen ließen.

Wir brauchen darüber heute nicht den Kopf zu schütteln; denn zum einen ist der Vatikan schon Ende der 40-er Jahre von dieser sogenannten Rückkehrökumene abgerückt und hat sich, mehr noch, in den 60-er Jahren auf dem Konzil (und sicher auch durch den Einfluss der Beobachter aus anderen Kirchen) mit dem Dekret »Unitatis redintegratio« ohne Wenn und Aber in die ökumenische Bewegung eingereiht. Zum anderen aber ist es auch heute eine der quälendsten Fragen der Ökumene, welche Einheit genau von den einzelnen Kirchen, Gruppen, Konfessionen angestrebt wird.

Modelle für eine solche Einheit gibt es nämlich mehrere, und sie laufen, wenn man sie zu Ende denkt, nicht unbedingt auf dasselbe hinaus. Da ist zum einen das Modell der »**Schwesterkirchen**«: So sehen sich Katholiken und Orthodoxe gern. Obwohl theologisch noch einige Differenzen unter ihnen bestehen und die eucharistische Gemeinschaft nur umrissweise besteht, können sie sich doch schon als weitgehend geeint betrachten. Ähnlich liegt der Fall bei dem Modell einer »korporativen Vereinigung«, bei der bisher getrennte Kirchen zu einer Gemeinschaft im Glauben und in der kirchlichen Praxis finden, dabei aber ihre historisch gewachsenen Traditionen und Eigenheiten beibehalten; so stellen sich katholische und anglikanische Kirche ihre mögliche Einheit vor.

Verschiedenste Vorstellungen von Einheit

Da ist aber auch das Modell der »**organischen Union**«, wie es eine Zeitlang vom Weltkirchenrat verfochten wurde: Es meint ein Hinter-sich-Lassen des gewachsenen Eigenguts, um zusammen mit anderen Kirchen oder Konfessionen in etwas Neuem aufzugehen – ein Modell, auf das sich die katholische Kirche nicht einlassen will, vor allem, weil sie den Grundgedanken von Weiheämtern, die in apostolischer Sukzession stehen, als nicht aufgebbar erachtet.

Oder das Modell der »**konziliaren Gemeinschaft**«, die derzeitige Zielvorstellung des Weltkirchenrats: Hier bestätigen sich verschiedene Kirchen ihre Einheit in Taufe, Eucharistie, Ämtern und Zeugnis und treten in Konzilien zusammen. Auch nicht gerade das, wovon katholische

Ökumeniker nachts träumen: Sie wünschen sich eine sichtbare Einheit in allen Sakramenten (nach katholischem Verständnis sind das sieben an der Zahl) – von der apostolischen Sukzession, die im katholischen Kirchenbild ebenfalls konstitutiv ist, gar nicht zu reden.

Viel diskutiert wird schließlich auch das Modell der »**Einheit in versöhnter Verschiedenheit**«, dessen Bannerträger der Lutherische Weltbund ist und das auch bei orthodoxen Kirchen auf Gegenliebe stößt. Die Crux bei diesem Modell besteht darin, dass es von Kirche zu Kirche unterschiedlich gedeutet wird: Die ökumenische Schlange beißt sich also gewissermaßen in den Schwanz.

Wie steht nun Papst Franziskus dazu, welches Ideal von Einheit schwebt ihm vor? Dazu hat er sich schon vor seiner Wahl zum Bischof von Rom ziemlich eindeutig geäußert. »Die Spannung löst sich auf einer höheren Ebene auf, indem man zum Horizont blickt, nicht in einer Synthese, wohl aber in einer neuen Einheit, einem neuen Pol, der die Wirkungskraft beider bewahrt, sie übernimmt und so weiter voranschreitet«, sagte er mit Blick auf die Ökumene in einem Buch, das seine Gespräche mit dem argentinischen Rabbiner Abraham Skorka wiedergibt: »Das ist keine Vereinnahmung und auch keine hybridenhafte Synthese, es ist eine neue Einheit«[8].

Bis hierhin hätte man noch denken können, es gehe Bergoglio um eine Art »organische Union«. Doch dann fuhr er fort: »Ein deutscher lutherischer Theologe, Oscar Cullmann, hat einmal etwas dazu gesagt, wie man es anstellen kann, die verschiedenen christlichen Denominationen zur Einheit zu führen. Ihm zufolge sollen wir nicht danach streben, dass alle von Anfang an dasselbe bekräftigen, und er schlägt vor, in einer versöhnten Verschiedenheit gemeinsam zu

---

8 Abraham Skorka, Über Himmel und Erde, München 2013, S. 223f.

gehen«[9]. Das entscheidende Stichwort hier lautet »versöhnte Verschiedenheit«: Es verweist, erst recht unter Bezugnahme auf den reformierten Theologen und Konzilsbeobachter Cullmann, auf das vom Lutherischen Weltbund vertretene Modell.

Cullmann und der gemeinsame Weg der Christen

»Er löst«, so fuhr der damalige Erzbischof von Buenos Aires in dem Gesprächsbuch mit Blick auf Cullmann fort, »den religiösen Konflikt der vielfältigen christlichen Konfessionen durch den gemeinsamen Weg dadurch, gemeinsam Dinge zu machen, gemeinsam zu beten. Er bittet uns, dass wir uns nicht gegenseitig mit Steinen bewerfen, sondern dass wir miteinander weitergehen. So kann man bei der Lösung eines Konflikts mit den Wirkungskräften aller vorankommen, ohne die verschiedenen Traditionen aufzuheben oder dem Synkretismus anheimzufallen. Jeder Einzelne sucht von seiner Identität aus, in Versöhnung, nach der Einheit der Wahrheit«[10].

Hier wird nun – selbst wenn's um Cullmann geht – auch eine für den heutigen Papst typische, nämlich eine dynamische Sichtweise von Einheit deutlich: Sie wird (wie schon in der Einleitung ausgeführt) im gemeinsamen Unterwegssein vorweggenommen. Einheit nicht als starres Prinzip, das von oben aufoktroyiert wird, sondern als etwas, das in Bewegung ist und das uns in Bewegung setzt. Das vom Konzil entwickelte Bild der Kirche als »communio«, als (Weg-) Gemeinschaft, strahlt hier ins Ökumenische durch.

9 Ebd.
10 Ebd.

Es hat »theologisches Aufsehen« erregt, dass sich Franziskus so eindeutig zu Cullmanns Einheitsvorstellung bekennt – zumal sich auch sein Vorgänger, Benedikt XVI., 1986 in seiner Zeit als Präfekt der Glaubenskongregation positiv auf Cullmann bezogen hatte. Für Kardinal Kasper ist klar, dass Franziskus »damit mehr (meint) als gegenseitige Anerkennung der bestehenden Kirchen ... Er geht von dem Grundsatz aus, dass das Ganze dem Teil übergeordnet und damit nicht nur die Summe oder Zusammenfügung der Teile ist«[11].

Einheit ist keine Kugel

Kasper zielt da auf einen Text aus dem Apostolischen Schreiben »Evangelii Gaudium«, den Sie weiter unten finden: Da schreibt der Papst, das Einheitsmodell, das ihm vorschwebe, sei nicht das einer Kugel, sondern das des Polyeders – so heißt ein dreidimensionales Gebilde, das viele Ecken und Flächen hat. Aus der Sicht des Kardinals löst dieses eigenwillige Bild von Einheit das bisherige »Modell der konzentrischen Kreise« ab: »Es ermöglicht eine Einheit, welche die Eigenheit der verschiedenen Kirchen bewahrt und die Identität des Ganzen doch nicht verbirgt.«[12]

Einheit also »nicht trotz Diversität, sondern gerade durch Diversität« (Cullmann): Diesen Widerspruch überbrückt für Franziskus der Heilige Geist, der in den verschiedenen christlichen Gruppen unterschiedliche Charismen weckt und trotzdem für die Einheit sorgt. Das führt der Papst besonders in seiner Istanbuler Predigt vom November 2014 aus (siehe am Ende dieses Kapitels).

Der letzte Text dieses Kapitels ist übrigens eine Art Gegenprobe: Da erklärt der Papst, was Einheit aus seiner Sicht nicht ist.

11 Kasper, wie Anm. 1, S. 79f.
12 Ebd., S. 81.

Die Einheit ist eine Gnade, um die wir Gott bitten müssen

Liebe Brüder und Schwestern, guten Tag!

Heute gehe ich näher ein auf einen ... Ausdruck, mit dem das Zweite Vatikanische Konzil das Wesen der Kirche beschreibt: den »Leib«. Das Konzil sagt, dass die Kirche der Leib Christi ist (vgl. »Lumen gentium«, 7).

Ich möchte von einem Text aus der Apostelgeschichte ausgehen, den wir gut kennen: von der Bekehrung des Saulus, der später Paulus heißen wird – einer der größten Verkünder des Evangeliums (vgl. Apg 9,4–5). Saulus ist ein Christenverfolger, aber während er auf der Straße unterwegs ist, die nach Damaskus führt, umstrahlt ihn plötzlich ein Licht, er stürzt zu Boden und hört eine Stimme, die zu ihm sagt: »Saul, Saul, warum verfolgst du mich?« Er fragt: »Wer bist du, Herr?«, und jene Stimme antwortet: »Ich bin Jesus, den du verfolgst« (V. 3–5). Diese Erfahrung des hl. Paulus sagt uns, wie eng die Verbindung zwischen uns Christen und Christus selbst ist. Als Jesus in den Himmel aufgefahren ist, hat er uns nicht als Waisen zurückgelassen, sondern durch die Gabe des Heiligen Geistes ist die Vereinigung mit ihm noch tiefer geworden. Das Zweite Vatikanische Konzil sagt: Indem Jesus »seinen Geist mitteilte, hat er seine Brüder und Schwestern, die er aus allen Völkern zusammenrief, in geheimnisvoller Weise gleichsam zu seinem Leib gemacht« (Dogmatische Konstitution »Lumen gentium«, 7).

Das Bild des Leibes hilft uns, die tiefe Verbindung zwischen der Kirche und Christus zu verstehen, die der hl. Paulus insbesondere im ersten Brief an die Korinther dargelegt hat (vgl. 1 Kor 12). Zunächst verweist uns der Leib auf eine lebendige Wirklichkeit.

Die Kirche ist kein karitativer, kultureller oder politischer Verein, sondern ein lebendiger Leib, der in der Geschichte unterwegs ist und wirkt. Und dieser Leib hat ein Haupt: Jesus, der ihn leitet, nährt und aufrichtet. Diesen Punkt möchte ich hervorheben: Wenn man das Haupt vom übrigen Leib trennt, dann kann die ganze Person nicht überleben. So ist es auch in der Kirche: Wir müssen immer enger mit Jesus verbunden bleiben. Aber nicht nur das: Ebenso wie in einem Leib der Lebenssaft fließen muss, damit er leben kann, so müssen wir Jesus in uns wirken lassen, uns von seinem Wort leiten lassen, uns von seiner eucharistischen Gegenwart nähren, beseelen lassen, uns von seiner Liebe Kraft für unsere Nächstenliebe schenken lassen. Und das immer! Immer, immer! Liebe Brüder und Schwestern, wir wollen mit Jesus vereint bleiben, ihm vertrauen, unser Leben nach seinem Evangelium ausrichten; wir wollen uns aus dem täglichen Gebet, dem Hören auf das Wort Gottes, der Teilnahme an den Sakramenten nähren.

Und hier komme ich zu einem zweiten Aspekt der Kirche als Leib Christi. Der hl. Paulus sagt: Wie die Glieder des menschlichen Leibes, obgleich es viele verschiedene sind, einen einzigen Leib bilden, so wurden wir alle in der Taufe durch den einen Geist in einen einzigen Leib aufgenommen (vgl. 1 Kor 12,12–13). In der Kirche gibt es also eine Vielfalt, eine Verschiedenheit der Aufgaben und Funktionen; es gibt keine platte Gleichförmigkeit, sondern den Reichtum der Gaben, die der Heilige Geist austeilt. Es gibt jedoch die Gemeinschaft und die Einheit: Alle stehen in Beziehung zueinander, und alle tragen dazu bei, einen einzigen lebendigen Leib zu bilden, der tief mit Christus verbunden ist. Behalten wir das gut in Erinnerung: Teil der Kirche zu sein bedeutet, mit Christus vereint zu sein und von ihm göttliches Leben zu empfangen, das uns als Christen leben lässt; es bedeutet, vereint zu bleiben mit dem Papst und den Bischöfen, die Werkzeuge der Einheit und der Gemeinschaft sind, und es bedeutet auch zu lernen, persönlichen Ehrgeiz und Spaltungen zu überwinden, einander besser zu verstehen, die Vielfalt und den Reichtum eines jeden in Einklang zu bringen: kurz gesagt, Gott und die Menschen um uns herum – in der Familie, in der Pfarrei, in den Vereinigungen – mehr zu lieben. Leib und Glieder müssen vereint sein, um zu leben! Die Einheit steht über den Konflikten, immer! Wenn Konflikte nicht gut gelöst werden, trennen sie uns voneinander, trennen sie uns von Gott. Der Konflikt kann uns helfen zu wachsen, aber er kann uns auch spalten. Gehen wir nicht auf dem Weg der Spaltungen, der Kämpfe untereinander! Alle vereint, alle vereint mit unseren Unterschieden, aber vereint, immer: Das ist der Weg Jesu. Die Einheit steht über den Konflikten. Die Einheit ist eine Gnade, um die wir den Herrn bitten müssen, auf dass er uns befreie von den Versuchungen der Spaltung, der Kämpfe untereinander, der Egoismen, des Geschwätzes. Wie viel Leid fügt das Geschwätz zu, wie viel Leid! Man darf sich nie über andere den Mund zerreißen, nie! Wie viel Schaden fügen die Spaltungen unter den Christen, die Parteilichkeit, die armseligen Eigeninteressen der Kirche zu!

Die Spaltungen unter uns, aber auch die Spaltungen zwischen den Gemeinschaften: evangelische Christen, orthodoxe Christen, katholische Christen – warum nur sind sie gespalten? Wir müssen versuchen, die Einheit herbeizuführen. Ich erzähle euch etwas: Bevor ich heute aus dem Haus gegangen bin, war ich etwa 40 Minuten, eine halbe Stunde mit einem evangelischen Pastor zusammen, und wir haben zusammen gebetet und die Einheit gesucht. Wir müssen als Katholiken untereinander und auch mit den anderen Christen beten: darum beten, dass der Herr uns die Einheit schenken möge, die Einheit untereinander. Wie sollen wir aber zur Einheit gelangen, wenn wir nicht in der Lage sind, sie unter uns Katholiken zu haben? Sie in der Familie zu haben? Wie viele Familien streiten und trennen sich! Strebt nach der Einheit, nach der Einheit, die die Kirche aufbaut. Die Einheit kommt von Jesus Christus. Er sendet uns den Heiligen Geist, um Einheit zu schaffen.

Liebe Brüder und Schwestern, wir wollen Gott bitten: Hilf uns, Glieder des Leibes der Kirche zu sein, die stets zutiefst mit Christus vereint sind; hilf uns, den Leib der Kirche nicht durch unsere Konflikte, unsere Spaltungen, unsere Egoismen leiden zu lassen; hilf uns, lebendige Glieder zu sein, die miteinander verbunden sind durch eine einzige Kraft: die Kraft der Liebe, die der Heilige Geist in unsere Herzen ausgießt (vgl. Röm 5,5).

GENERALAUDIENZ, 19.6.13

Lebe ich die Einheit?

Liebe Brüder und Schwestern, guten Tag!

Im »Credo« sagen wir: »Ich glaube an die eine ... Kirche.« Wir bekennen also, dass die Kirche eine einzige ist, und diese Kirche ist in sich selbst Einheit. Wenn wir aber die katholische Kirche in der Welt anschauen, dann entdecken wir, dass sie fast 3000 Diözesen umfasst, die über alle Kontinente verteilt sind: so viele Sprachen, so viele Kulturen! Hier sind Bischöfe aus vielen verschiedenen Kulturen, aus vielen Ländern. Der Bischof von Sri Lanka ist hier, der Bischof von Südafrika, ein Bischof aus Indien, es sind viele hier ...

Bischöfe aus Lateinamerika. Die Kirche ist über die ganze Welt verteilt! Und dennoch bilden die unzähligen katholischen Gemeinden eine Einheit.

Wie kann das geschehen?

1. Eine zusammenfassende Antwort finden wir im »Kompendium des Katechismus der Katholischen Kirche«, wo es heißt: Die über alle Welt verteilte katholische Kirche »hat nur einen Glauben, nur ein sakramentales Leben, nur eine apostolische Sukzession, eine gemeinsame Hoffnung und ein und dieselbe Liebe« (Nr. 161). Es ist eine schöne, klare Definition, sie gibt uns gute Orientierung.

Einheit im Glauben, in der Hoffnung, in der Liebe, Einheit in den Sakramenten, im Dienst: Es sind gleichsam Pfeiler, die den einen großen Bau der Kirche stützen und zusammenhalten. Wohin wir auch gehen, auch in der kleinsten Pfarrei, im entlegensten Winkel dieser Erde, dort ist die eine Kirche; dort sind wir zu Hause, sind wir in der Familie, sind wir unter Brüdern und Schwestern. Und das ist ein großes Geschenk Gottes! Die Kirche ist für alle nur eine. Es gibt nicht eine Kirche für die Europäer, eine für die Afrikaner, eine für die Amerikaner, eine für die Asiaten, eine für jene, die in Ozeanien leben – nein, sie ist überall dieselbe. Es ist wie in einer Familie: Man kann weit entfernt sein voneinander, in aller Welt verteilt, aber die tiefen Bindungen, die alle Familienmitglieder vereinen, bleiben fest, wie groß die Entfernung auch sein mag.

Ich denke zum Beispiel an die Erfahrung des Weltjugendtages in Rio de Janeiro: In jener unüberschaubaren Menge junger Menschen auf dem Strand der Copacabana hörte man viele Sprachen, sah man sehr unterschiedliche Gesichtszüge, begegnete man unterschiedlichen Kulturen, und dennoch war eine tiefe Einheit vorhanden, bildete man eine einzige Kirche, war man vereint, und das war zu spüren.

Fragen wir uns alle: Spüre ich als Katholik diese Einheit? Lebe ich als Katholik diese Einheit der Kirche? Oder interessiert sie mich nicht, weil ich in meiner kleinen Gruppe oder in mir selbst verschlossen bin? Gehöre ich zu jenen, die die Kirche für die eigene Gruppe, die eigene Nation, die eigenen Freunde »privatisieren«? Es ist traurig, eine Kirche vorzufinden, die »privatisiert« ist durch diesen Egoismus und diesen Mangel an Glauben. Es ist traurig! Wenn ich höre, dass viele Christen in der Welt leiden, ist mir das dann gleichgültig oder ist es, als leide jemand aus der Familie? Wenn ich daran denke oder höre, dass viele Christen verfolgt werden und sogar das Leben für ihren Glauben hingeben, berührt das mein Herz oder kommt es bei mir nicht an? Bin ich offen für jenen Bruder oder für jene Schwester der Familie, der oder die ihr Leben hingibt für Jesus Christus? Beten wir füreinander? Ich stelle euch eine Frage, aber antwortet nicht mit lauter Stimme, sondern nur im Herzen: Wie viele von euch beten für die verfolgten Christen? Wie viele? Jeder möge im Herzen antworten. Bete ich für jenen Bruder, für jene Schwester, die in Schwierigkeiten sind, weil sie ihren Glauben bekennen und verteidigen? Es ist wichtig, über den eigenen Tellerrand hinauszuschauen, sich als Kirche zu fühlen, als die eine Familie Gottes!

2. Wir wollen einen weiteren Schritt tun und uns fragen: Gibt es Verletzungen dieser Einheit? Können wir diese Einheit verletzen? Leider sehen wir, dass wir im Laufe der Geschichte, auch jetzt, nicht immer die Einheit leben. Manchmal kommt es zu Unverständnis, Konflikten, Spannungen, Spaltungen, die sie verletzen, und dann hat die Kirche nicht das Antlitz, das wir möchten, offen-

bart sie nicht die Liebe, die Gottes Wille ist. Wir sind es, die Verletzungen verursachen! Und wenn wir auf die Spaltungen blicken, die es noch heute unter den Christen gibt – Katholiken, Orthodoxe, Protestanten ... –, dann merken wir, wie schwer es ist, diese Einheit in ganzer Fülle sichtbar zu machen. Gott schenkt uns die Einheit, aber wir tun uns oft schwer, sie zu leben. Man muss die Gemeinschaft suchen, aufbauen, zur Gemeinschaft erziehen, zur Überwindung von Unverständnis und Spaltungen, angefangen bei der Familie, bei den kirchlichen Wirklichkeiten, auch im ökumenischen Dialog. Unsere Welt braucht Einheit, es ist eine Zeit, in der wir alle Einheit brauchen, Versöhnung, Gemeinschaft brauchen, und die Kirche ist das Haus der Gemeinschaft. Der hl. Paulus sagte zu den Christen in Ephesus: »Ich, der ich um des Herrn willen im Gefängnis bin, ermahne euch, ein Leben zu führen, das des Rufes würdig ist, der an euch erging. Seid demütig, friedfertig und geduldig, ertragt einander in Liebe und bemüht euch, die Einheit des Geistes zu wahren durch den Frieden, der euch zusammenhält« (Eph 4,1–3).

Demut, Friedfertigkeit, Geduld, Liebe, um die Einheit zu wahren! Das, das sind die Wege, die wahren Wege der Kirche. Hören wir sie noch einmal. Demut gegen die Eitelkeit, gegen den Hochmut, Demut, Friedfertigkeit, Geduld, Liebe, um die Einheit zu wahren. Und weiter sagte Paulus: ein Leib, der Leib Christi, den wir in der Eucharistie empfangen; ein Geist, der Heilige Geist, der die Kirche beseelt und ständig erneuert; eine Hoffnung, das ewige Leben; ein Glaube, eine Taufe, ein Gott und Vater aller (vgl. Eph 4,4–6). Der Reichtum dessen, was uns vereint! Und das ist ein wahrer Reichtum: was uns vereint, nicht, was uns trennt. Das ist der Reichtum der Kirche! Jeder frage sich heute: Lasse ich die Einheit in der

Familie, in der Pfarrei, in der Gemeinschaft wachsen, oder bin ich ein Schwätzer, eine Schwätzerin? Verursache ich Spaltung, Schwierigkeiten? Ihr wisst nicht, wie sehr das Geschwätz der Kirche, den Pfarreien, den Gemeinschaften schadet! Es schadet! Das Geschwätz fügt Wunden zu. Bevor ein Christ schwätzt, sollte er sich auf die Zunge beißen! Ja oder nein? Sich auf die Zunge beißen: Das wird uns gut tun, weil die Zunge anschwillt, und er nicht sprechen und nicht schwätzen kann. Habe ich die Demut, mit Geduld, mit Opferbereitschaft die Wunden der Gemeinschaft zu heilen?

3. Abschließend der letzte Schritt zur Vertiefung. Und das ist eine schöne Frage: Wer ist die Triebkraft dieser Einheit der Kirche? Es ist der Heilige Geist, den wir alle in der Taufe und auch im Sakrament der Firmung empfangen haben. Es ist der Heilige Geist. Unsere Einheit ist nicht in erster Linie Frucht unseres Konsenses oder der Demokratie innerhalb der Kirche oder unserer Bemühungen, uns zu einigen, sondern sie kommt von ihm, der Einheit in der Vielfalt schafft, denn der Heilige Geist ist Eintracht, er bewirkt immer Harmonie in der Kirche. Es ist eine harmonische Einheit in einer großen Vielfalt aus Kulturen, Sprachen und Denkweisen. Der Heilige Geist ist die Triebkraft. Deshalb ist das Gebet wichtig. Es ist die Seele unseres Bemühens als Männer und Frauen der Gemeinschaft, der Einheit – das Gebet zum Heiligen Geist, auf dass er kommen und in der Kirche Einheit schaffen möge.

Bitten wir den Herrn: Herr, gib, dass wir immer mehr vereint seien, dass wir nie Werkzeuge der Spaltung sind; gib, dass wir uns bemühen, wie es in einem schönen franziskanischen Gebet heißt, Liebe zu üben, wo man hasst, zu verzeihen, wo man beleidigt, zu verbinden, wo Streit ist. So sei es.

GENERALAUDIENZ, 25.9.13

Wir müssen unser Gewissen prüfen

Immer, wenn wir unser Glaubensbekenntnis erneuern, indem wir das »Credo« sprechen, sagen wir, dass die Kirche »eine« und »heilig« ist. Sie ist »eine«, weil sie ihren Ursprung im dreifaltigen Gott hat, der ein Geheimnis der Einheit und der vollkommenen Gemeinschaft ist. Außerdem ist die Kirche heilig, da sie auf Jesus Christus gründet, durch seinen Heiligen Geist belebt wird, von seiner Liebe und seinem Heil erfüllt ist. Sie ist jedoch gleichzeitig heilig und besteht aus Sündern, uns allen, Sündern, die wir jeden Tag die Erfahrung unserer Schwachheit und unseres Elends machen. Dieser Glaube, den wir bekennen, drängt uns also zur Umkehr. Er spornt uns an, den Mut zu haben, täglich die Einheit und die Heiligkeit zu leben. Und wenn wir nicht vereint sind, wenn wir nicht heilig sind, dann weil wir Jesus nicht treu sind. Aber er, Jesus, lässt uns nicht allein, er verlässt seine Kirche nicht! Er geht mit uns, er versteht uns. Er versteht unsere Schwachheit, unsere Sünden, er vergibt uns – vorausgesetzt, dass wir uns vergeben lassen. Er ist stets bei uns und hilft uns, weniger Sünder zu sein, heiliger zu werden, vereinter zu sein.

Der erste Trost kommt uns aus der Tatsache, dass Jesus inständig für die Einheit der Jünger gebetet hat. Es ist das Gebet des Letzten Abendmahls. Jesus hat inständig gebetet: »Vater, alle sollen eins sein.« Er hat für die Einheit gebetet, und er hat dies kurz vor seinem Leiden getan, als er sich anschickte, sein ganzes Leben für uns hinzugeben. Wir sind eingeladen, dies immer wieder zu lesen und darüber nachzudenken: Es ist einer der tiefsten und bewegendsten Abschnitte des Evangeliums nach Johannes, im 17. Kapitel (vgl. V. 11.21–23). Wie schön ist es zu wissen, dass der Herr kurz vor seinem Tod sich nicht Sorgen um sich selbst gemacht, sondern an uns gedacht hat! Und in seinem ergreifenden Gespräch mit dem Vater hat er dafür gebetet, dass wir mit ihm und untereinander eins sein mögen. Ja, mit diesen Worten hat Jesus sich zu unserem Fürsprecher beim Vater gemacht, damit auch wir in die volle Liebesgemeinschaft mit ihm eintreten können; gleichzeitig vertraut er sie uns an als sein geistliches Testament, damit die Einheit immer mehr zum Merkmal unserer christlichen Gemeinschaften und die schönste Antwort werden kann für jeden, der nach der Hoffnung fragt, die uns erfüllt (vgl. 1 Petr 3,15).

»Alle sollen eins sein: Wie du, Vater, in mir bist und ich in dir bin, sollen auch sie in uns sein, damit die Welt glaubt, dass du mich gesandt hast« (Joh 17,21). Von Anfang an hat die Kirche versucht, dieses Anliegen, das Jesus so sehr am Herzen liegt, zu verwirklichen. Die Apostelgeschichte ruft uns ins Gedächtnis, dass die ersten Christen sich dadurch von ihrer Umgebung unterschieden, dass sie »ein Herz und eine Seele« waren (Apg 4,32). Außerdem mahnte der Apostel Paulus seine Gemeinden, nicht zu vergessen, dass sie »in einen einzigen Leib aufgenommen« sind (1 Kor 12,13). Die Erfahrung sagt uns jedoch, dass es viele Sünden gegen die Einheit gibt. Und denken wir nicht nur an die Spaltungen, denken wir an ganz gewöhnliche Verfehlungen in unseren Gemeinschaften, an die »Pfarreisünden«, an die Sünden in den Pfarrgemeinden.

Denn zuweilen sind unsere Pfarrgemeinden, die eigentlich berufen sind, Orte des Teilens und der Gemeinschaft zu sein, leider geprägt von Neid, Eifersucht, Abneigungen ... Und der Klatsch ist für alle leicht zur Hand. Wie viel wird in den Pfarrgemeinden geklatscht! Das ist nicht gut. Jemand wird zum Beispiel zum Vorsitzenden einer Vereinigung gewählt – gleich wird über ihn geklatscht. Und wenn eine andere zur Verantwortlichen für die

Katechese gewählt wird, dann klatschen die anderen gleich über sie. Aber das ist nicht die Kirche. Das darf man nicht tun, das dürfen wir nicht tun! Man muss den Herrn um die Gnade bitten, es nicht zu tun. Es passiert, wenn wir nach den ersten Plätzen streben; wenn wir uns selbst mit unserem persönlichen Ehrgeiz und unseren Ansichten in den Mittelpunkt stellen und die anderen verurteilen; wenn wir auf die Fehler der Brüder und Schwestern schauen statt auf ihre Gaben; wenn wir dem, was uns entzweit, mehr Gewicht geben als dem, was uns vereint ... In der anderen Diözese, die ich vorher hatte, habe ich einmal einen interessanten und schönen Kommentar gehört. Es war die Rede von einer alten Frau, die ihr ganzes Leben lang in der Pfarrgemeinde gearbeitet hatte, und eine Person, die sie gut kannte, hat gesagt: »Diese Frau hat nie jemanden schlecht gemacht, sie hat nie geklatscht, immer hat sie freundlich gelächelt.«

Eine solche Frau kann morgen heiliggesprochen werden! Das ist ein schönes Vorbild. Und wenn wir auf die Kirchengeschichte blicken: Wie viele Spaltungen gibt es zwischen uns Christen. Auch jetzt sind wir gespalten. Auch in der Geschichte haben wir Christen gegeneinander Kriege geführt aufgrund von theologischen Entzweiungen. Denken wir an den Dreißigjährigen Krieg. Das ist aber nicht christlich. Wir müssen uns auch für die Einheit aller Christen einsetzen, auf dem Weg der Einheit gehen: Es ist der Weg, den Jesus will und für den er gebetet hat. Angesichts all dessen müssen wir eine ernsthafte Gewissensprüfung vornehmen. In einer christlichen Gemeinschaft ist die Entzweiung eine der schwersten Sünden, weil sie diese zum Zeichen nicht von Gottes Werk, sondern vom Werk des Teufels macht, der definitionsgemäß jener ist, der entzweit, der die Beziehungen zerstört, der Vorurteile einflößt ...

Die Entzweiung ist in einer christlichen Gemeinschaft – sei es eine Schule, eine Pfarrgemeinde oder ein Verband – eine sehr schwere Sünde, denn sie ist das Werk des Teufels. Gott dagegen will, dass wir in der Fähigkeit wachsen, einander anzunehmen, einander zu vergeben und einander zu lieben, um ihm, der Gemeinschaft und Liebe ist, immer ähnlicher zu sein. Darin liegt die Heiligkeit der Kirche: sich selbst nach dem Bild Gottes wiederzuerkennen als erfüllt von seiner Barmherzigkeit und Gnade.

Liebe Freunde, lassen wir in unserem Herzen diese Worte Jesu widerhallen: »Selig, die Frieden stiften, denn sie werden Söhne Gottes genannt werden« (Mt 5,9). Bitten wir aufrichtig um Vergebung für all die Male, in denen wir Anlass gegeben haben zur Entzweiung oder zum Unverständnis in unseren Gemeinschaften – im Wissen, dass man nur durch ständige Umkehr zur Gemeinschaft gelangt. Was ist Umkehr? Es bedeutet, vom Herrn die Gnade zu erbitten, nicht schlecht über andere zu reden, nicht zu kritisieren, nicht zu klatschen, alle zu lieben. Es ist eine Gnade, die der Herr uns schenkt. Das bedeutet Umkehr des Herzens. Und wir wollen darum bitten, dass unser tägliches Beziehungsgefüge zu einem immer schöneren und freudigeren Abglanz der Beziehung zwischen Jesus und dem Vater werden möge.

GENERALAUDIENZ, 27.8.14

Von anderen alles Gute und Gültige annehmen

Wir dürfen ... nicht vergessen, dass es viele Brüder gibt, die den Glauben an Christus mit uns teilen, aber anderen Konfessionen oder Traditionen angehören, die sich von der unseren unterscheiden.

Viele haben resigniert – auch innerhalb unserer katholischen Kirche gibt es Resignation – angesichts dieser Spaltung, die im Laufe der Geschichte oft Ursache von Konflikten und Leid, ja sogar von Kriegen gewesen ist, und das ist eine Schande! Auch heute sind die Beziehungen nicht immer von Achtung und Herzlichkeit geprägt ... Ich frage mich jedoch: Welche Haltung nehmen wir all dem gegenüber ein? Stehen auch wir dieser Spaltung resigniert oder sogar gleichgültig gegenüber? Oder glauben wir fest daran, dass man in Richtung der Versöhnung und der vollen Gemeinschaft vorangehen muss? Die volle Gemeinschaft: dass also alle gemeinsam am Leib und am Blut Christi teilhaben können.

Die Spaltungen unter den Christen verletzen die Kirche, und damit verletzen sie Christus, und wenn wir gespalten sind, fügen wir Christus eine Wunde zu: Denn die Kirche ist der Leib, dessen Haupt Christus ist. Wir wissen gut, wie sehr es Christus am Herzen lag, dass seine Jünger in seiner Liebe vereint bleiben. Es genügt, an seine Worte zu denken, die im 17. Kapitel des Johannes wiedergegeben sind – das Gebet, das er unmittelbar vor dem Leiden an seinen Vater richtet: »Heiliger Vater, bewahre sie in deinem Namen, den du mir gegeben hast, damit sie eins sind wie wir« (Joh 17,11). Diese Einheit war bereits gefährdet, als Jesus noch unter den Seinen war: Denn im Evangelium wird daran erinnert, dass die Apostel untereinander darüber diskutierten, wer der Größte, der Wichtigste sei (vgl. Lk 9,46). Der Herr hat jedoch sehr auf der Einheit im Namen des Vaters bestanden und uns zu verstehen gegeben, dass unsere Verkündigung und unser Zeugnis umso glaubwürdiger sind, je mehr wir selbst als Erste fähig sind, in Gemeinschaft zu leben und einander zu lieben.

Seine Apostel haben es dann durch die Gnade des Heiligen Geistes tiefer verstanden und es sich zu Herzen genommen, so dass der heilige Paulus die Gemeinde in Korinth sogar mit diesen Worten bittet: »Ich ermahne euch aber, Brüder, im Namen Jesu Christi, unseres Herrn: Seid alle einmütig und duldet keine Spaltungen unter euch; seid ganz eines Sinnes und einer Meinung« (1 Kor 1,10). Auf ihrem Weg in der Geschichte wird die Kirche vom Bösen versucht, der sie spalten will, und leider wurde sie von schweren und schmerzhaften Trennungen gezeichnet. Diese Spaltungen haben sich manchmal über lange Zeit hinweg fortgesetzt, bis heute. Daher ist es nunmehr schwierig, alle Ursachen zu rekonstruieren und vor allem mögliche Lösungen zu finden. Die Gründe, die zu den Brüchen und Trennungen geführt haben, können ganz unterschiedlich sein: von Meinungsverschiedenheiten in Bezug auf dogmatische und moralische Grundsätze sowie unterschiedliche theologische und pastorale Auffassungen über politische und zweckgebundene Gründe bis hin zu Streitigkeiten aufgrund von mangelnder Sympathie und persönlichem Ehrgeiz ... Sicher ist, dass auf die eine oder andere Weise hinter diesen Verletzungen immer der Hochmut und der Egoismus stehen, die Grund jeder Uneinigkeit sind und uns intolerant machen, unfähig, jene anzuhören und anzunehmen, die andere Ansichten oder Standpunkte haben als wir selbst.

Gibt es angesichts all dessen nun etwas, das ein jeder von uns, als Glied der heiligen Mutter Kirche, tun kann und tun muss? Natürlich darf das Gebet nicht fehlen, in Kontinuität und in Gemeinschaft mit dem Gebet Jesu, dem Gebet um die Einheit der Christen. Und zusammen mit dem Gebet bittet der Herr uns um eine erneuerte Öffnung: Er bittet uns, uns dem Dialog und der Begegnung nicht zu verschließen, sondern alles Gute und Gültige, das uns angeboten wird, anzunehmen – auch von jenen, die anders denken oder andere Standpunkte einnehmen als wir. Er bittet uns, den Blick nicht auf das zu richten, was uns spaltet, sondern vielmehr auf das, was uns vereint, und zu versuchen, Jesus besser kennen zu lernen und zu lieben und den Reichtum seiner Liebe zu teilen. Und das erfordert konkret, sich der Wahrheit zu stellen und gleichzeitig fähig zu sein, einander zu vergeben, sich als Teil ein und derselben christlichen Familie zu sehen, einander als Geschenk zu betrachten und gemeinsam viele gute Dinge und Werke der Nächstenliebe zu tun.

Es ist schmerzlich, aber es gibt Spaltungen, es gibt Spaltungen unter den Christen, wir sind untereinander gespalten. Aber wir alle haben etwas gemeinsam: Wir alle glauben an Jesus Christus, den Herrn. Wir alle glauben an den Vater, den Sohn und den Heiligen Geist, und wir alle gehen gemeinsam voran, sind unterwegs. Helfen wir einander! Aber du meinst dies, du meinst das ... In allen Gemeinschaften gibt es gute Theologen: Sie sollen diskutieren, sie sollen nach der theologischen Wahrheit suchen, denn das ist eine Pflicht. Wir wollen aber gemeinsam unterwegs sein, füreinander beten und Werke der Nächstenliebe tun. Und so stellen wir auf dem Weg Gemeinschaft her. Das nennt sich geistliche Ökumene: alle gemeinsam in unserem Glauben an Jesus Christus, den Herrn, unseren Lebensweg zu gehen ... Danken wir dem Herrn für unsere Taufe, danken wir dem Herrn für unsere Gemeinschaft, auf dass dieser Gemeinschaft am Ende alle gemeinsam angehören mögen.

Liebe Freunde, gehen wir also voran zur vollen Einheit! Die Geschichte hat uns getrennt, aber wir sind auf dem Weg zur Versöhnung und zur Gemeinschaft! Das ist wahr! Und wir müssen es verteidigen! Wir alle sind auf dem Weg zur Gemeinschaft. Und wenn das Ziel uns zu fern, nahezu unerreichbar zu sein scheint und wir uns von Mutlosigkeit ergriffen fühlen, dann möge uns die Vorstellung Mut machen, dass Gott vor der Stimme seines Sohnes Jesus nicht das Ohr verschließen kann und sein und unser Gebet erhören muss, auf dass alle Christen wirklich eins seien.

GENERALAUDIENZ, 8.10.14

Ökumene – eine Frage der Glaubwürdigkeit

Das ökumenische Engagement entspricht dem Gebet Jesu, des Herrn, der darum bittet, dass »alle eins sein« sollen (Joh 17,21). Die Glaubwürdigkeit der christlichen Verkündigung wäre sehr viel größer, wenn die Christen ihre Spaltungen überwinden würden und die Kirche erreichen könnte, dass sie die ihr eigene Fülle der Katholizität in jenen Söhnen wirksam werden lässt, die ihr zwar durch die Taufe zugehören, aber von ihrer völligen Gemeinschaft getrennt sind. Wir müssen uns immer daran erinnern, dass wir Pilger sind und dass wir gemeinsam pilgern. Dafür soll man das Herz ohne Ängstlichkeit dem Weggefährten anvertrauen, ohne Misstrauen, und vor allem auf das schauen, was wir suchen: den Frieden im Angesicht des einen Gottes. Sich dem anderen anvertrauen ist etwas »Selbstgemachtes«. Der Friede ist selbstgemacht. Jesus hat uns gesagt: »Selig, die Frieden herstellen« (vgl. Mt 5,9). In diesem Einsatz erfüllt sich auch unter uns die alte Weissagung: »Dann schmieden sie Pflugscharen aus ihren Schwertern« (Jes 2,4).

In diesem Licht ist die Ökumene ein Beitrag zur Einheit der Menschheitsfamilie. …

Angesichts der Gewichtigkeit, die das Negativ-Zeugnis der Spaltung unter den Christen besonders in Asien und Afrika hat, wird die Suche nach Wegen zur Einheit dringend. Die Missionare in jenen Kontinenten sprechen immer wieder von den Kritiken, Klagen und dem Spott, der ihnen aufgrund des Skandals der Spaltungen unter den Christen begegnet. Wenn wir uns auf die Überzeugungen konzentrieren, die uns verbinden, und uns an das Prinzip der Hierarchie der Wahrheiten erinnern, werden wir rasch auf gemeinsame Formen der Verkündigung, des Dienstes und des Zeugnisses zugehen können. Die riesige Menge derer, die die Verkündigung Jesu Christi nicht angenommen haben, kann uns nicht gleichgültig lassen. Daher ist der Einsatz für eine Einheit, die die Annahme Jesu Christi erleichtert, nicht länger bloße Diplomatie oder eine erzwungene Pflichterfüllung und verwandelt sich in einen unumgänglichen Weg der Evangelisierung. Die Zeichen der Spaltung unter Christen in Ländern, die bereits von der Gewalt zerrissen sind, fügen weiteren Konfliktstoff von Seiten derer hinzu, die ein aktives Ferment des Friedens sein müssten. So zahlreich und so kostbar sind die Dinge, die uns verbinden! Und wenn wir wirklich an das freie und großherzige Handeln des Geistes glauben, wie viele Dinge können wir voneinander lernen! Es handelt sich nicht nur darum, Informationen über die anderen zu erhalten, um sie besser kennen zu lernen, sondern darum, das, was der Geist bei ihnen gesät hat, als ein Geschenk aufzunehmen, das auch für uns bestimmt ist. Um nur ein Beispiel zu geben: Im Dialog mit den orthodoxen Brüdern haben wir Katholiken die Möglichkeit, etwas mehr über die Bedeutung der bischöflichen Kollegialität und über ihre Erfahrung der Synodalität zu lernen. Durch einen Austausch der Gaben kann der Geist uns immer mehr zur Wahrheit und zum Guten führen.

Aus dem Apostolischen Schreiben
»Evangelii Gaudium«, 24.11.13

Ein paar grundsätzliche Gedanken zum Thema Einheit

Wenn ein Konflikt entsteht, schauen einige nur zu und gehen ihrer Wege, als ob nichts passiert wäre. Andere gehen in einer Weise darauf ein, dass sie zu seinen Gefangenen werden, ihren Horizont einbüßen und auf die Institutionen ihre eigene Konfusion und Unzufriedenheit projizieren. Damit wird die Einheit unmöglich. Es gibt jedoch eine dritte Möglichkeit, und dies ist der beste Weg, dem Konflikt zu begegnen. Es ist die Bereitschaft, den Konflikt zu erleiden, ihn zu lösen und ihn zum Ausgangspunkt eines neuen Prozesses zu machen. »Selig, die Frieden stiften« (Mt 5,9).

Auf diese Weise wird es möglich sein, dass sich aus dem Streit eine Gemeinschaft entwickelt. Das kann aber nur durch die großen Persönlichkeiten geschehen, die sich aufschwingen, über die Ebene des Konflikts hinauszugehen und den anderen in seiner tiefgründigsten Würde zu sehen. Dazu ist es notwendig, sich auf ein Prinzip zu berufen, das zum Aufbau einer sozialen Freundschaft unabdingbar ist, und dieses lautet: Die Einheit steht über dem Konflikt. Die Solidarität, verstanden in ihrem tiefsten und am meisten herausfordernden Sinn, wird zu einer Weise, Geschichte in einem lebendigen Umfeld zu schreiben, wo die Konflikte, die Spannungen und die Gegensätze zu einer vielgestaltigen Einheit führen können, die neues Leben hervorbringt. Es geht nicht darum, für einen Synkretismus einzutreten, und auch nicht darum, den einen im anderen zu absorbieren, sondern es geht um eine Lösung auf einer höheren Ebene, welche die wertvollen innewohnenden Möglichkeiten und die Polaritäten im Streit beibehält.

Dieses Kriterium aus dem Evangelium erinnert uns daran, dass Jesus alles in sich vereint hat, Himmel und Erde, Gott und Mensch, Zeit und Ewigkeit, Fleisch und Geist, Person und Gesellschaft. Das Merkmal dieser Einheit und Versöhnung aller Dinge in ihm ist der Friede. Christus »ist unser Friede« (Eph 2,14). Die Botschaft des Evangeliums beginnt immer mit dem Friedensgruß, und der Friede krönt und festigt in jedem Augenblick die Beziehungen zwischen den Jüngern. Der Friede ist möglich, weil der Herr die Welt und ihre beständige Konfliktgeladenheit überwunden hat ...

Die Botschaft des Friedens ist nicht die eines ausgehandelten Friedens, sondern erwächst aus der Überzeugung, dass die Einheit, die vom Heiligen Geist kommt, alle Unterschiede in Einklang bringen kann. Sie überwindet jeden Konflikt in einer neuen und verheißungsvollen Synthese. Die Verschiedenheit ist schön, wenn sie es annimmt, beständig in einen Prozess der Versöhnung einzutreten, und sogar eine Art Kulturvertrag zu schließen, der zu einer »versöhnten Verschiedenheit« führt.

Aus dem Apostolischen Schreiben
»Evangelii Gaudium«, 24.11.13

Polyeder statt Kugel

Das Ganze ist mehr als der Teil, und es ist auch mehr als ihre einfache Summe. Man darf sich also nicht zu sehr in Fragen verbeißen, die begrenzte Sondersituationen betreffen, sondern muss immer den Blick ausweiten, um ein größeres Gut zu erkennen, das uns allen Nutzen bringt ...

Das Modell ist nicht die Kugel, die den Teilen nicht übergeordnet ist, wo jeder Punkt gleich weit vom Zentrum entfernt ist und es keine Unterschiede zwischen dem einen und dem anderen Punkt gibt. Das Modell ist das Polyeder, welches das Zusammentreffen aller Teile wiedergibt, die in ihm ihre Eigenart bewahren. Sowohl das pastorale als auch das politische Handeln sucht in diesem Polyeder das Beste jedes Einzelnen zu sammeln. Dort sind die Armen mit ihrer Kultur, ihren Plänen und ihren eigenen Möglichkeiten eingegliedert. Sogar die Menschen, die wegen ihrer Fehler kritisiert werden können, haben etwas beizutragen, das nicht verloren gehen darf. Es ist der Zusammenschluss der Völker, die in der Weltordnung ihre Besonderheit bewahren; es ist die Gesamtheit der Menschen in einer Gesellschaft, die ein Gemeinwohl sucht, das wirklich alle einschließt.

Aus dem Apostolischen Schreiben
»Evangelii Gaudium«, 24.11.13

Eine Predigt über Einheit und Verschiedenheit

Dem Menschen, der nach Heil dürstet, zeigt Jesus sich als Quelle, aus der man schöpfen kann, als Fels, aus dem der Vater Ströme von lebendigem Wasser fließen lässt für alle, die an ihn glauben (vgl.

Joh 7,38). Mit dieser in Jerusalem öffentlich verkündeten Prophetie kündigt Jesus die Gabe des Heiligen Geistes an, die seine Jünger nach seiner Verherrlichung, das heißt, nach seinem Tod und seiner Auferstehung empfangen werden.

Der Heilige Geist ist die Seele der Kirche. Er schenkt das Leben, erweckt die verschiedenen Charismen, die das Volk Gottes bereichern, und vor allem schafft er die Einheit unter den Gläubigen: Aus vielen bildet er einen einzigen Leib, den Leib Christi. Das ganze Leben und die Sendung der Kirche hängen vom Heiligen Geist ab; er verwirklicht alles.

Selbst das Bekenntnis des Glaubens ist, wie der heilige Paulus uns in der ersten Lesung von heute erinnert, nur möglich, weil es vom Heiligen Geist eingegeben wird: »Keiner kann sagen: Jesus ist der Herr!, wenn er nicht aus dem Heiligen Geist redet« (1 Kor 12,3b). Wenn wir beten, tun wir es, weil der Heilige Geist in uns das Gebet im Herzen auslöst. Wenn wir den Kreis unseres Egoismus durchbrechen, aus uns heraus- und auf die anderen zugehen, um ihnen zu begegnen, ihnen zuzuhören, ihnen zu helfen, ist es der Geist Gottes, der uns dazu gedrängt hat. Wenn wir in uns eine bisher unbekannte Fähigkeit zum Verzeihen entdecken und zur Liebe gegenüber dem, der uns nicht mag, dann ist es der Geist, der uns ergriffen hat. Wenn wir über die Höflichkeitsfloskeln hinausgehen und uns den Mitmenschen mit jener zärtlichen Liebe zuwenden, die das Herz erwärmt, sind wir mit Sicherheit vom Heiligen Geist berührt worden.

Es ist wahr: Der Heilige Geist erweckt die verschiedenen Charismen in der Kirche; auf den ersten Blick scheint das Unordnung zu schaffen, in Wirklichkeit stellt es aber unter seiner Führung einen gewaltigen Reichtum dar, denn der Heilige Geist ist der Geist der

Einheit, die nicht etwa Einheitlichkeit bedeutet. Nur der Heilige Geist kann die Verschiedenheit, die Vielfalt hervorrufen und zugleich die Einheit bewirken. Wenn wir es sind, die die Verschiedenheit erzeugen wollen und uns dabei in unseren Partikularismen und Exklusivismen verschließen, schaffen wir Spaltung; und wenn wir es sind, die nach unseren menschlichen Plänen die Einheit herstellen wollen, führen wir schließlich Uniformität und Vereinheitlichung herbei. Wenn wir uns dagegen vom Heiligen Geist leiten lassen, geraten Reichtum, Mannigfaltigkeit und Verschiedenheit niemals in Konflikt, denn er drängt uns, die Vielfalt in der Gemeinschaft der Kirche zu leben.

Die Vielzahl der Glieder und der Charismen findet ihr harmonisierendes Prinzip im Geist Christi, den der Vater gesandt hat und den er weiter sendet, um unter den Gläubigen die Einheit zu vollbringen. Der Heilige Geist wirkt die Einheit der Kirche: Einheit im Glauben, Einheit in der Liebe, Einheit im inneren Zusammenhalt. Die Kirche und die Kirchen sind berufen, sich vom Heiligen Geist leiten zu lassen, indem sie eine Haltung der Offenheit, der Gelehrigkeit und des Gehorsams einnehmen. Er ist es, der die Kirche harmonisiert. Es kommt mir dieses schöne Wort des heiligen Basilius des Großen in den Sinn: »Ipse harmonia est« – Er selbst ist die Harmonie!

Es handelt sich um eine Perspektive der Hoffnung, die aber zugleich mühevoll ist, insofern in uns ständig die Versuchung vorhanden ist, dem Heiligen Geist Widerstand zu leisten, denn er bringt die Kirche in Verwirrung, rüttelt sie auf, setzt sie in Bewegung und drängt sie, voranzugehen. Und es ist immer einfacher und bequemer, sich in den eigenen statischen und unbeweglichen Positionen auszustrecken. Tatsächlich erweist sich die Kirche in dem Maß treu gegenüber dem Heiligen Geist, in dem sie nicht den Anspruch erhebt, ihn zu regeln und zu zähmen. Und die Kirche erweist sich auch treu gegenüber dem Heiligen Geist, wenn sie die Versuchung beiseiteschiebt, Nabelschau zu betreiben. Und wir Christen werden echte missionarische Jünger, die fähig sind, die Gewissen anzusprechen, wenn wir eine Verteidigungshaltung ablegen, um uns vom Geist führen zu lassen. Er ist Frische, Fantasie, Neuheit.

Unsere Verteidigung kann sich zeigen in der übertriebenen Verschanzung hinter unseren Ideen, hinter unseren Kräften ... oder in einer Haltung von Ehrsucht und Eitelkeit. Diese Verteidigungsmechanismen hindern uns daran, die anderen wirklich zu verstehen und uns für einen aufrichtigen Dialog mit ihnen zu öffnen. Doch die Kirche, die aus dem Pfingstereignis hervorgegangen ist, empfängt als Gabe das Feuer des Heiligen Geistes, das nicht so sehr den Geist mit Ideen erfüllt, sondern vielmehr das Herz entflammt; sie ist vom Wind des Geistes erfasst, der nicht eine Macht überträgt, sondern zu einem Dienst der Liebe befähigt – eine Sprache, die jeder zu verstehen vermag.

Je mehr wir uns auf unserem Weg des Glaubens und des brüderlichen Lebens demütig vom Geist des Herrn führen lassen, umso mehr werden wir die Verständnislosigkeiten, die Spaltungen und die Streitigkeiten überwinden und ein glaubwürdiges Zeichen von Einheit und Frieden sein. Ein glaubwürdiges Zeichen, dass unser Herr auferstanden ist, dass er lebt.

PREDIGT IN ISTANBUL, 29.11.14

Nichts Selbstgemachtes, nichts Einförmiges: Was Einheit nicht ist

Meine Herren Kardinäle, liebe Mitbrüder im bischöflichen und priesterlichen Dienst, liebe Brüder und Schwestern!

Ich freue mich, aus Anlass eurer Vollversammlung, die dem Thema »Einheit der Christen: Welches Modell der vollen Gemeinschaft?« gewidmet ist, mit euch zusammenzutreffen ... Im Verlauf dieses Jahres hatte ich die Gelegenheit, viele bedeutsame ökumenische Begegnungen zu erleben, sowohl hier in Rom als auch während der Reisen. Jede dieser Begegnungen war für mich eine Quelle des Trostes, weil ich feststellen konnte, dass der Wunsch nach Einheit lebendig und stark ist. Als Bischof von Rom und Nachfolger Petri, im Bewusstsein der mir vom Herrn anvertrauten Verantwortung, möchte ich erneut unterstreichen, dass die Einheit der Christen eine meiner Hauptsorgen ist, und ich wünsche, dass sie immer mehr von jedem Getauften geteilt werden möge.

Die Einheit der Christen ist ein wesentliches Erfordernis unseres Glaubens, ein Erfordernis, das dem Innersten unseres Seins als an Jesus Christus Glaubende entspringt. Wir erflehen die Einheit, weil wir Christus anflehen. Wir wollen die Einheit leben, weil wir Christus folgen, seine Liebe leben und wirklich das Geheimnis seines Einsseins mit dem Vater verkosten wollen, die das Wesen der göttlichen Liebe ist. Jesus selbst nimmt uns im Heiligen Geist in sein Gebet hinein: »Wie du, Vater, in mir bist und ich in dir bin, sollen auch sie in uns sein. [...] Ich in ihnen und du in mir. So sollen sie vollendet sein in der Einheit, damit die Welt erkennt, dass du mich gesandt hast und die Meinen ebenso geliebt hast wie mich, [...] damit die Liebe, mit der du mich geliebt hast, in ihnen ist und damit ich in ihnen bin« (Joh 17,21.23.26). Dem hohepriesterlichen

Gebet Jesu folgend ist das, was wir ersehnen, die Einheit in der Liebe des Vaters, die uns in Jesus Christus geschenkt wird, Liebe, die auch das Denken und die Lehren formt. Es reicht nicht, im Verständnis des Evangeliums übereinzustimmen, sondern es ist notwendig, dass wir alle als Gläubige mit Christus und in Christus vereint sind. Das ist unsere persönliche und gemeinschaftliche Bekehrung, unsere wachsende Gleichgestaltung mit ihm (vgl. Röm 8,29), unser immer mehr In-ihm-Leben (vgl. Gal 2,20), die uns erlauben, in der Gemeinschaft unter uns zu wachsen. Das ist die Seele, die auch die Studientagungen und jede andere Art von Anstrengungen prägt, um zu einander angenäherten Standpunkten zu gelangen. Wenn wir das im Gedächtnis behalten, dann ist es möglich, einige falsche Modelle der Gemeinschaft zu entlarven, die in Wirklichkeit nicht zur Einheit führen, sondern ihr in ihrem Wesen widersprechen.

Vor allem ist die Einheit nicht die Frucht unserer menschlichen Anstrengungen oder das von kirchlicher Diplomatie geschaffene Produkt, sondern sie ist ein Geschenk von oben. Wir Menschen sind weder in der Lage, die Einheit allein zu schaffen, noch können wir deren Formen und Zeiten bestimmen. Was also ist unsere Rolle? Was müssen wir tun, um die Einheit der Christen zu fördern? Unsere Aufgabe ist es, dieses Geschenk anzunehmen und für alle sichtbar zu machen. Unter diesem Gesichtspunkt ist die Einheit zuerst Weg und dann Ziel, ein Weg mit seinen Zeitplänen und Rhythmen, mit seinem langsameren und schnelleren Vorankommen, und auch mit seinem Anhalten. Die Einheit als Weg erfordert geduldiges Warten, Beharrlichkeit, Mühe und Einsatz. Dieser hebt die Konflikte nicht auf und löscht die Kontraste nicht aus, er kann sogar zuweilen die Gefahr neuen Unverständnisses bergen. Die

Einheit kann nur von dem angenommen werden, der beschließt, sich auf den Weg zu einem Ziel zu machen, das heute ziemlich weit entfernt scheinen könnte. Dennoch wird derjenige, der diesen Weg geht, getröstet von der fortwährenden Erfahrung einer freudig erahnten, wenn auch noch nicht voll erreichten Gemeinschaft jedes Mal, wenn er die Überheblichkeit beiseite lässt und sich alle als der Liebe Gottes bedürftig erkennen. Und was verbindet uns Christen alle tiefer als die Erfahrung, Sünder zu sein, aber zugleich Gegenstand der grenzenlosen Barmherzigkeit Gottes, die uns von Jesus Christus offenbart worden ist? Ebenso ist die Einheit der Liebe bereits Wirklichkeit, wenn diejenigen, die Gott erwählt und berufen hat, sein Volk zu sein, gemeinsam die großen Taten verkünden, die er für sie vollbracht hat, vor allem indem sie es durch ein von der Liebe zu allen erfülltes Leben bezeugen (1 Petr 2,4–10). Daher sage ich gerne, dass die Einheit auf dem Weg gemacht wird, um daran zu erinnern, dass wir bereits vereint sind, wenn wir einen gemeinsamen Weg gehen, das heißt wenn wir einander als Brüder begegnen, gemeinsam beten, in der Verkündigung des Evangeliums und im Dienst an den Letzten zusammenarbeiten. Alle theologischen und ekklesiologischen Streitfragen, die die Christen noch trennen, werden nur auf diesem Weg gelöst werden, ohne dass wir heute wissen wie und wann, ... was der Heilige Geist zum Wohl der Kirche eingeben wird.

Zweitens ist die Einheit keine Gleichförmigkeit. Die verschiedenen theologischen, liturgischen, geistlichen und kirchenrechtlichen Traditionen, die sich in der christlichen Welt entwickelt haben, sind ein Reichtum und keine Bedrohung für die Einheit der Kirche, wenn sie unverfälscht in der Apostolischen Tradition verwurzelt sind. Diese Verschiedenheit beseitigen zu wollen bedeutet, gegen den Heiligen Geist zu handeln, der wirkt, indem er die Gemeinschaft der Gläubigen mit unterschiedlichen Gaben bereichert. Im Lauf der Geschichte hat es verschiedene Versuche dieser Art gegeben mit Konsequenzen, unter denen wir manchmal heute noch leiden. Wenn wir uns dagegen vom Heiligen Geist leiten lassen, werden Fülle, Vielfalt, Unterschiedlichkeit nie zur Streitfrage, weil er uns drängt, die Verschiedenheit in der Gemeinschaft der Kirche zu leben. Ökumenische Aufgabe ist es, die legitime Verschiedenheit zu respektieren und zur Überwindung der Differenzen hinzuführen, die mit der von Gott gewollten Einheit nicht zu vereinbaren sind. Das Fortbestehen dieser Differenzen darf uns nicht lähmen, sondern muss uns antreiben, gemeinsam einen Weg zu suchen, um diese Hindernisse zu bewältigen. Schließlich ist die Einheit auch keine Einverleibung.

Die Einheit der Christen schließt keine Ökumene »im Rückwärtsgang« ein, weshalb jemand die eigene Glaubensgeschichte verleugnen müsste. Und sie duldet auch keinen Proselytismus, der vielmehr ein Gift ist für den ökumenischen Weg. Bevor wir sehen, was uns trennt, muss man auch in existentieller Weise den Reichtum dessen wahrnehmen, was uns gemeinsam ist, wie die Heilige Schrift und die großen Glaubensbekenntnisse der ersten ökumenischen Konzile. Wenn wir dies tun, können wir Christen uns als Brüder und Schwestern erkennen, die an den einen Herrn und Erlöser Jesus Christus glauben und die sich gemeinsam dafür einsetzen, den Weg zu finden, heute dem Wort Gottes gehorsam zu sein, der will, dass wir vereint sind. Die Ökumene ist wahr, wenn man fähig ist, die Aufmerksamkeit von sich selbst, den eigenen Argumenten und Formulierungen weg auf das Wort Gottes zu lenken, das in der Welt gehört, angenommen und bezeugt werden will. Daher sind die verschiedenen christlichen Gemeinschaften aufgerufen, zusammenzuarbeiten und sich keine »Konkurrenz zu machen«.

Mein kürzlicher Besuch in Lund hat mich daran erinnert, wie aktuell das ökumenische Prinzip ist, das der Ökumenische Rat der Kirchen bereits 1952 formuliert hat und das empfiehlt: »Die Christen sollten alles gemeinsam tun, außer wenn eigene tiefe Überzeugungen sie zwingen, getrennt zu handeln.« Ich danke euch für euren Einsatz, ich versichere euch meines Gebetsgedenkens und vertraue auf euer Gebet für mich. Der Herr segne euch und die Muttergottes behüte euch.

An den Päpstlichen Einheitsrat, 10.11.16

2. 500 Jahre nach Luther: Reformationsgedenken mit dem Papst und dem Lutherischen Weltbund

Die geistliche Erfahrung Martin Luthers hinterfragt uns und erinnert uns daran, dass wir ohne Gott nichts vollbringen können. »Wie bekomme ich einen gnädigen Gott?« – das ist die Frage, die Luther ständig umtrieb.

PREDIGT IN LUND/SCHWEDEN, 31.10.16

Es waren Bilder, die einige Jahre zuvor noch undenkbar gewesen wären: Ende Oktober 2016 reiste Papst Franziskus nach Lund/Schweden zum Sitz des »Lutherischen Weltbunds« (LWB), um gemeinsam mit diesem das Gedenkjahr zu 500 Jahren Reformation einzuläuten. Der gemeinsame Gedenkgottesdienst von Papst und Protestanten fand genau 499 Jahre nach Martin Luthers Veröffentlichung seiner 95 Thesen statt; diese Veröffentlichung (ob das nun durch einen richtiggehenden Thesenanschlag an eine Wittenberger Kirchentür geschah oder nicht) war damals die Initialzündung des Prozesses, den wir heute Reformation nennen.

In Weiß gekleidet standen das Oberhaupt der katholischen Weltkirche und die Spitzenpersönlichkeiten des LWB, der 145 Kirchen und 74 Millionen Lutheraner in aller Welt vertritt, in der mittelalterlichen Kathedrale Lunds und erinnerten einmütig an den kämpferischen

Augustinermönch des 16. Jahrhunderts. Die schwedische Erzbischöfin Antje Jackelén gab dem Papst einen Wangenkuss, was nach der Formulierung eines Journalisten »für manchen Zurückgebliebenen in Rom einem Halloween-Spuk gleich(kam)«[13].

Erst ein Gottesdienst, dann ein Massenevent

Franziskus würdigte Luther als einen Christen, der die entscheidende Frage nach Gott neu ins Zentrum gerückt habe. »Jetzt haben wir im Rahmen des gemeinsamen Gedenkens der Reformation von 1517 eine neue Chance, einen gemeinsamen Weg aufzunehmen« und dabei »Kontroversen und Missverständnisse zu überwinden«. Eine gemeinsame Erklärung von Lund sprach deutlich das heikle Thema der eucharistischen Gastfreundschaft an: »Viele Mitglieder unserer Gemeinschaften sehnen sich danach, die Eucharistie in einem Mahl zu empfangen als konkreten Ausdruck der vollen Einheit.«

Bunt und fast futuristisch wurde die Szenerie dann wenig später, als der Papst, Ökumene-Kardinal Kurt Koch und die lutherischen LWB-Chefbischöfe Munib Younan und Martin Junge – der eine Palästinenser, der andere Chilene – gemeinsam in einem weißen Golfcart in die Malmö-Arena einfuhren – zu den Klängen von »You will never walk alone«, wie bei einem Fußballspiel. (Vorher, in der Kathedrale, war »Laudate Dominum« der offizielle Soundtrack gewesen.) Die Massenveranstaltung in der Arena mit etwa 10.000 Menschen kreiste nicht um quälende theologische Unterschiede zwischen den Kirchen, sondern um das, was sie zusammen in der Welt bewegen können, wenn sie ihre Kräfte bündeln. Menschen aus Krisenregionen trugen

13 Julius Müller-Meiningen, in: Die Zeit, 3.11.16.

bewegende Zeugnisse vor: Eine 26-Jährige aus Indien berichtete von katastrophalen Überschwemmungen in ihrer Heimat, ein Caritas-Vertreter aus Kolumbien vom holprigen Friedensprozess, der syrische Bischof Antoine Audo von den Leiden der Bombardierten in seiner Stadt Aleppo. »Caritas Internationalis« und der Hilfsdienst des LWB verpflichteten sich feierlich zu einer engeren Zusammenarbeit.

Natürlich konnte der Tag von Lund und Malmö nicht die bestehende Spaltung zwischen den Kirchen ungeschehen machen: Weiterhin trennt ein breiter Graben die römisch-katholische von den protestantischen Kirchen. Das fängt schon damit an, dass Rom den Protestanten weiterhin nicht zugesteht, dass sie wirklich »Kirchen« im eigentlichen Sinn dieses Wortes seien (siehe die umstrittene Vatikanerklärung »Dominus Iesus« aus dem Jahr 2000). Differenzen bestehen ansonsten vor allem im Verständnis des kirchlichen Amts – und zwar grundsätzlich, nicht nur was die protestantische Priesterweihe von Frauen betrifft – sowie in der Lehre von Eucharistie und Abendmahl; dazu kommt, dass sich beide Seiten in ethischen Fragen immer mehr auseinander bewegt haben statt aufeinander zu.

Trotzdem war der Tag von Lund und Malmö ein wichtiger Tag für beide Konfessionen. Denn »Ökumene ist nicht nur für die Kirchen da, sondern soll auch nach außen wirken, ein neuer Gedanke, der erst Fuß fassen muss«, wie der Jesuit Bernd Hagenkord das Geschehen kommentierte. Er habe »nichts Spektakuläres« gesehen, keine »große Geste«: »Aber genau das ist heute Ökumene: die berühmten Mühen der Ebene. Das ist die Botschaft, die von Lund ausgeht, für die nächsten Schritte auf dem Weg«[14].

14 Radio-Vatikan-Newsletter, 31.10.16.

Kardinal Ratzinger hätte Luther vorgeladen

Franziskus war nicht der erste Papst, der eine Reise zu den Ursprüngen der Reformation unternommen hat: Benedikt XVI., der Papst aus Lutherland, besuchte 2011 das Erfurter Augustinerkloster, in dem Luther einst der Mönch Martinus war und sich mit der Frage nach dem gnädigen Gott herumquälte. Dabei stellte sich heraus – und das hatte durchaus etwas Erstaunliches und Berührendes –, dass Luthers Urschrei von damals, »Wie schaffe ich mir einen gnädigen Gott?«, durchaus auch das Anliegen von Benedikt XVI. ein halbes Jahrtausend später war.»Nicht um dieses oder jenes« sei es Luther gegangen, formulierte der Papst in Erfurt in freier Rede, sondern um diese Frage an Gott, dieses Ringen mit ihm:

»Dass diese Frage die bewegende Kraft seines ganzen Weges war, trifft mich immer wieder ins Herz. Denn wen kümmert das eigentlich heute noch – auch unter Christenmenschen? Was bedeutet die Frage nach Gott in unserem Leben? ... Die Frage: Wie steht Gott zu mir, wie stehe ich vor Gott – diese brennende Frage Luthers muss wieder neu und gewiss in neuer Form auch unsere Frage werden, nicht akademisch, sondern real.«

Und das ist für den mittlerweile emeritierten Papst eine Anfrage Martin Luthers, die auch heute noch alle Christen angeht, über die Konfessionsgrenzen hinweg. Schon erstaunlich, wenn man bedenkt, dass Joseph Ratzinger als Präfekt der Glaubenskongregation Luther nach Rom vorgeladen hätte, wenn dieser heute noch leben würde.

»Ja, ich glaube tatsächlich, dass man auch heute sehr ernsthaft mit ihm sprechen müsste und dass das, was er gesagt hat, auch heute nicht als ›katholische Theologie‹ angesehen werden könnte«, sagte Kardinal Ratzinger wenige Jahre nach seinem Amtsantritt in Rom und 20 Jahre vor seinem Wechsel ins Papstamt im Gespräch mit einem italienischen Journalisten[15]. »Wäre es anders, so wäre der ökumenische Dialog überflüssig, der ja dieses kritische Gespräch mit Luther sucht und gerade danach fragt, wie man das Große in seiner Theologie retten und das Unkatholische an ihr überwinden kann.«

Es verbindet Papst Franziskus mit seinem emeritierten Vorgänger Benedikt XVI., dass beide sich vor allem für Luthers Ausgangsfrage nach Gott interessieren und ihre Relevanz für heute betonen. Einige Beobachter vermuten bei Franziskus sogar eine Art Identifizierung mit dem Reformator – bis zu einem gewissen Punkt, natürlich. Der Papst aus Argentinien sieht sich wie einst der Mönch aus dem Sächsischen zu einer Reform der Kirche herausgefordert. Zwei Erneuerer, jeder in seiner Zeit.

Eine richtiggehende Rehabilitierung Luthers durch den Vatikan wird es allerdings auch unter Franziskus nicht geben. Nach Ansicht des vatikanischen Ökumene-Verantwortlichen, Kardinal Koch, ist die Exkommunikation des Reformators bereits bei dessen Tod 1546 erloschen. Außerdem hätten, so der Präsident des Päpstlichen Rates für die Förderung der Einheit der Christen, schon mehrere Päpste der Neuzeit sich positiv zu Luther geäußert.

In diesem Kapitel finden Sie die Texte, die mit dieser außergewöhnlichen Reise von Papst Franziskus zu Martin Luther zu tun haben. Die beiden Interviews mit Franziskus – eines wurde vor, das andere nach der Reise geführt – wurden eigens für dieses Buch ins Deutsche übertragen; es gibt von ihnen keine (offizielle oder nichtoffizielle) deutsche Fassung. Ich danke meiner Kollegin Gudrun Sailer dafür, dass sie mir ihre Übersetzung des Papstgesprächs mit der

15 J. Ratzinger, Zur Lage des Glaubens, Ein Gespräch mit Vittorio Messori, München 1985, S. 166.

Tageszeitung »Avvenire« (und ihre Übersetzung des Frage-Antwort-Spiels des Papstes mit deutschen Pilgern, das im nächsten Kapitel steht) freundlicherweise überlassen hat.

Das Problem entsteht, wenn man verschlossen ist – Interview

Frage: Heiliger Vater, am 31. Oktober werden Sie Lund und Malmö besuchen, um dort am ökumenischen Gedenken von 500 Jahren Reformation teilzunehmen, organisiert vom Lutherischen Weltbund und dem Päpstlichen Rat für die Förderung der Einheit der Christen. Welche Hoffnungen und Erwarten haben Sie, was dieses historische Ereignis angeht?

Antwort: Da kommt mir ein einziges Wort in den Sinn: *avvicinarmi* (ital. »mich annähern«). Meine Hoffnung und meine Erwartung bestehen darin, mich meinen Brüder und Schwestern stärker anzunähern. Die Nähe tut allen gut. Distanz dagegen macht uns krank. Wenn wir uns voneinander entfernen, dann verschließen wir uns in uns selbst und werden Monaden – unfähig, uns zu begegnen. Wir lassen uns von Ängsten ergreifen. Man muss lernen, über sich hinauszugehen, um den anderen zu begegnen. Wenn wir das nicht tun, dann erkranken auch wir Christen an der Trennung. Meine Erwartung lautet, einen Schritt der Nähe zu tun, um meinen Brüdern und Schwestern, die in Schweden leben, näher zu sein.

Frage: In Argentinien bilden die Lutheraner eine eher kleine Gemeinschaft. Hatten Sie in der Vergangenheit die Gelegenheit zu direkten Kontakten mit ihnen?

Antwort: Ja, zur Genüge. Ich erinnere mich, wie ich das erste Mal in eine lutherische Kirche gegangen bin: Das war ihr Hauptsitz in Argentinien, in der Esmeralda-Straße von Buenos Aires. Ich war 17 Jahre alt. An diesen Tag erinnere ich mich gut. Ein Arbeitskollege von mir, Axel Bachmann, heiratete. Er war der Onkel der lutherischen Theologin Mercedes García Bachmann. Und auch die Mutter von Mercedes, Ingrid, arbeitete im Labor, in dem ich arbeitete. Das war das erste Mal, dass ich an einer lutherischen Feier teilnahm. Das zweite Mal war eine stärkere Erfahrung. Wir Jesuiten haben die Theologiefakultät in San Miguel, an der ich unterrichtete. Dort in der Nähe, in weniger als zehn Kilometern Entfernung, war die Fakultät für lutherische Theologie. Der Rektor war ein Ungar, Leskó Béla, wirklich ein tüchtiger Mann. Zu ihm hatte ich sehr herzliche Beziehungen. Ich war Professor und hatte den Lehrstuhl für spirituelle Theologie inne. Ich lud den Professor für spirituelle Theologie dieser [lutherischen] Fakultät – einen Schweden, Anders Ruuth – ein, zusammen mit mir Lektionen in Spiritualität zu halten. Ich erinnere mich daran, dass das ein wirklich schwieriger Moment für meine Seele war. Ich hatte großes Vertrauen zu ihm und habe ihm mein Herz geöffnet. Er hat mir in diesem Moment sehr geholfen. Dann erhielt er einen Ruf nach Brasilien – er konnte auch gut Portugiesisch – und danach kehrte er zurück nach Schweden. Dort hat er seine Habilitationsschrift über die »Universelle Kirche des Reiches Gottes« veröffentlicht, die gegen Ende der 70-er Jahre in Brasilien entstanden war. Es war eine kritische Schrift. Er hatte sie auf Schwedisch geschrieben, aber sie enthielt ein Kapitel auf Englisch. Er schickte sie mir, und ich las dieses englische Kapitel: Das war ein Edelstein. Dann ist einige Zeit vergangen ... In der Zwischenzeit wurde ich Weihbischof von Buenos Aires. Eines Tages kam mich im Bischofshaus der damalige Erzbischof-Primas von Uppsala besuchen. Kardinal

Quarracino war nicht da. Er lud mich zu ihrer Messe in der Azopardo-Straße ein, in der »Iglesia Nórdica« von Buenos Aires, die man früher »Schwedische Kirche« nannte. Mit ihm sprach ich über Anders Ruuth, der dann nochmal nach Argentinien gekommen ist, um eine Hochzeit zu feiern. Bei dieser Gelegenheit haben wir uns wiedergesehen, aber das war das letzte Mal: Einer seiner Söhne, der Musiker – der andere war Arzt –, rief mich eines Tages an, um mir zu sagen, dass er gestorben war.

Ein anderes Kapitel meiner Beziehungen zu den Lutheranern betrifft die Kirche von Dänemark. Ich hatte eine schöne Beziehung zum damaligen Pastor Albert Andersen, der jetzt in den USA ist. Er hat mich zweimal eingeladen, eine Predigt zu halten. Das erste Mal war es in einem liturgischen Kontext. Diese Gelegenheit war sehr delikat: Um keine Verstimmung wegen der Teilnahme am Abendmahl hervorzurufen, hat er an diesem Tag nicht den Gottesdienst gefeiert, sondern eine Taufe. Danach hat er mich eingeladen, einen Vortrag vor ihren Jugendlichen zu halten. Ich erinnere mich, dass ich mit ihm eine sehr starke Diskussion auf Distanz hatte, als er schon in den USA war. Der Pastor hat mir große Vorwürfe gemacht wegen dem, was ich über ein Gesetz gesagt hatte, das religiöse Angelegenheiten in Argentinien betraf. Aber ich muss sagen, dass er mir die Vorwürfe offen und ehrlich gemacht hat, wie ein echter Freund. Als er nach Buenos Aires zurückgekehrt ist, bin ich zu ihm gegangen, um ihn um Entschuldigung zu bitten, weil die Art und Weise, in der ich mich ausgedrückt hatte, in diesem Fall tatsächlich ein bisschen beleidigend gewesen war. Dann hatte ich auch eine große Nähe zum Pastor David Calvo, Argentinier, von der »Iglesia Evangélica Luterana Unida« (Vereinigte evangelisch-lutherische Kirche). Auch er war ein tüchtiger Mann.

Ich erinnere mich außerdem, dass ich zum »Tag der Bibel«, der in Buenos Aires Ende September begangen wurde, in die erste Kirche zurückgekehrt bin, in der ich als junger Mann gewesen war, in der Esmeralda-Straße. Und dort habe ich Mercedes García Bachmann getroffen. Wir haben uns unterhalten. Das war die letzte institutionelle Begegnung, die ich mit den Lutheranern hatte, als ich Erzbischof von Buenos Aires war. Dann hatte ich aber weiter Beziehungen zu einigen lutherischen Freunden auf der persönlichen Ebene. Aber der Mann, der meinem Leben unendlich gutgetan hat, war Anders Ruuth: Daran denke ich mit großer Zuneigung und Dankbarkeit. Als die Erzbischöfin und Primas der Kirche Schwedens hierhin gekommen ist, um mich zu treffen, haben wir auch diese Freundschaft unter uns beiden erwähnt. Ich erinnere mich gut daran, wie die Erzbischöfin Antje Jackelén im Mai 2015 zu einem offiziellen Besuch hier in den Vatikan gekommen ist, sie hat eine große, schöne Rede gehalten. Ich habe sie dann später noch einmal bei der Heiligsprechung von Maria Elisabeth Hesselblad getroffen. Bei dieser Gelegenheit konnte ich auch ihren Mann begrüßen – das sind wirklich liebenswürdige Menschen. Dann bin ich als Papst zu einer Predigt in die lutherische Kirche von Rom gegangen. Dabei haben mich die Fragen, die man mir bei dieser Gelegenheit gestellt hat, sehr berührt: die des Kindes und die einer Frau zum Thema Interkommunion. Schöne, tiefgehende Fragen. Und der Pastor dieser Kirche ist wirklich tüchtig!

Frage: Bei den ökumenischen Dialogen sollten die verschiedenen Gemeinschaften versuchen, sich gegenseitig mit dem Besten ihrer Traditionen zu bereichern. Was könnte die katholische Kirche von der lutherischen Tradition lernen?

Antwort: Da kommen mir zwei Worte in den Sinn: »Reform« und »Schrift«. Ich werde versuchen, das zu erklären. Das erste Wort ist »Reform«. Zu Beginn war das, was Luther tat, eine Geste der Reform in einem schwierigen Moment für die Kirche. Luther wollte eine komplexe Situation lösen. Dann ist diese Geste – auch wegen politischen Situationen, denken wir an das *cuius regio eius religio* – zu einem »Zustand« der Spaltung geworden und nicht zu einem »Prozess« der Reform der ganzen Kirche, die allerdings fundamental ist, denn die Kirche ist *semper reformanda*. Das zweite Wort ist »Schrift«, das Wort Gottes. Luther hat einen großen Schritt getan, um das Wort Gottes in die Hände des Volkes zu legen. Reform und Schrift sind die beiden grundlegenden Dinge, die wir mit Blick auf die lutherische Tradition vertiefen können. Mir kommen jetzt die Generalkongregationen vor dem Konklave in den Sinn, und wie sehr die Forderung nach einer Reform in unseren Diskussionen lebendig und präsent gewesen ist.

Frage: Nur einmal hat vor Ihnen ein Papst Schweden besucht: Johannes Paul II. im Jahr 1989. Das war zu einer Zeit des ökumenischen Enthusiasmus und des tiefen Wunsches nach Einheit zwischen Katholiken und Lutheranern. Seitdem scheint die ökumenische Bewegung an Schwung verloren zu haben, und neue Hindernisse sind aufgetaucht. Wie sollten diese Hindernisse behandelt werden? Welche Mittel sind Ihrer Meinung nach die besten, um die Einheit der Christen zu fördern?

Antwort: Es ist natürlich Aufgabe der Theologen, den Dialog fortzusetzen und die Probleme zu studieren – daran besteht kein Zweifel. Der theologische Dialog muss weitergehen, denn er ist ein Weg, der zurückgelegt werden muss. Ich denke an die Ergebnisse, die auf diesem Weg mit dem großen Dokument über die Rechtfertigung erreicht worden sind: Das war ein großer Schritt nach vorn. Ich kann mir allerdings vorstellen, dass es nach diesem Schritt nicht einfach sein wird, vorwärtszugehen – wegen der unterschiedlichen Fähigkeiten, einige theologische Fragen zu verstehen. Ich habe den Patriarchen Bartholomaios gefragt, ob es stimmt, was man sich von Patriarch Athenagoras erzählt, nämlich, dass dieser zu Paul VI. gesagt habe: »Gehen wir voran, und lassen wir die Theologen auf einer Insel unter sich diskutieren!« Er hat mir gesagt, dass das Zitat echt sei. Aber ja, man muss den theologischen Dialog fortführen, auch wenn das nicht einfach sein wird.

Persönlich glaube ich auch, dass man den Enthusiasmus zum gemeinsamen Gebet und den Werken der Barmherzigkeit hinlenken sollte, also zur gemeinsam geleisteten Arbeit in der Hilfe für Kranke, Arme, Häftlinge. Etwas zusammen zu tun, ist eine hohe und effiziente Form von Dialog. Ich denke auch an die Erziehung. Es ist wichtig, zusammen und nicht sektiererisch zu arbeiten. Ein Kriterium sollten wir auf jeden Fall sehr klar im Kopf haben: Im kirchlichen Bereich Proselytismus zu betreiben, ist eine Sünde. Benedikt XVI. hat uns gesagt, dass die Kirche nicht durch Proselytismus, sondern durch Anziehung wächst. Proselytismus ist eine sündige Haltung. Das ist so, als ob man die Kirche in eine Organisation verwandelt. Zusammen sprechen, beten, arbeiten: Das ist der Weg, den wir gehen müssen. Schau mal – der, der beim Thema Einheit nie einen Fehler macht, ist der Feind, der Teufel. Wenn die Christen verfolgt und getötet werden, dann geschieht das, weil sie Christen sind, nicht weil sie Lutheraner, Calvinisten, Anglikaner, Katholiken oder Orthodoxe sind. Es gibt eine Ökumene des Blutes.

Ich erinnere mich an eine Episode, die ich mit dem Pfarrer der Sankt-Joseph-Pfarrei in Hamburg-Wandsbek erlebt habe. Er brachte das Verfahren der Märtyrer voran, die von Hitler guillotiniert worden waren, weil sie den Katechismus unterrichtet hatten. Sie wurden einer nach dem anderen guillotiniert. Nach den ersten beiden, die katholisch waren, wurde ein lutherischer Pastor getötet, der aus dem gleichen Grund verurteilt worden war. Das Blut der drei hat sich vermischt. Der Pfarrer sagte mir, es sei für ihn unmöglich, das Seligsprechungsverfahren der beiden Katholiken weiter voranzubringen, ohne den Lutheraner mit einzufügen: Ihr Blut hatte sich vermischt! Aber ich erinnere mich auch an die Predigt von Paul VI. in Uganda im Jahr 1964, als er zusammen, vereint, die katholischen und anglikanischen Märtyrer erwähnte. Ich habe daran gedacht, als auch ich Uganda besuchte. Das geschieht auch in unseren Tagen: die Orthodoxen, die koptischen Märtyrer, die in Libyen getötet wurden ... Das ist die Ökumene des Blutes. Also: Zusammen beten, zusammen arbeiten und die Ökumene des Blutes verstehen. ...

Frage: Noch ein letztes Wort, Heiliger Vater, zu dieser Reise nach Schweden ...

Antwort: Was mir spontan dazu noch einfällt, ist einfach: Gehen, zusammen vorwärtsgehen! Nicht in starren Perspektiven eingeschlossen bleiben, weil es in diesen keine Möglichkeit zur Reform gibt.

Interview des Jesuiten Ulf Jonsson mit
Papst Franziskus vor seiner Reise nach Schweden
Übersetzung des Herausgebers

Fehler eingestehen und um Vergebung bitten

»Bleibt in mir, dann bleibe ich in euch« (Joh 15,4). Diese Worte, die Jesus im Rahmen des Letzten Abendmahls gesprochen hat, geben uns die Möglichkeit, uns an Christi Herz zu schmiegen kurz vor seiner endgültigen Hingabe am Kreuz. Wir können hören, wie sein Herz in Liebe zu uns pocht, und seinen sehnlichen Wunsch spüren, dass alle, die an ihn glauben, eins seien. Er sagt uns, dass er der wahre Weinstock ist und wir die Reben und dass wir, wenn wir Frucht bringen wollen, genauso mit ihm vereint sein müssen, wie er mit dem Vater vereint ist.

Bei diesem Gebetstreffen hier in Lund wollen wir unseren gemeinsamen Wunsch zum Ausdruck bringen, mit ihm vereint zu bleiben, um das Leben zu haben. Wir bitten ihn: »Herr, hilf uns mit deiner Gnade, damit wir enger mit dir verbunden sind, um gemeinsam Glaube, Hoffnung und Liebe wirkungsvoller zu bezeugen.« Es ist auch ein Moment, Gott zu danken für die Anstrengungen vieler unserer Brüder und Schwestern verschiedener kirchlicher Gemeinschaften, die sich mit der Spaltung nicht abgefunden, sondern die Hoffnung auf die Versöhnung aller, die an den einen Herrn glauben, lebendig erhalten haben.

Wir Katholiken und Lutheraner haben begonnen, auf dem Weg der Versöhnung voranzugehen. Jetzt haben wir im Rahmen des gemeinsamen Gedenkens der Reformation von 1517 eine neue Chance, einen gemeinsamen Weg aufzunehmen, der sich in den letzten 50 Jahren im ökumenischen Dialog zwischen dem Lutherischen Weltbund und der Katholischen Kirche gebildet hat. Wir dürfen uns nicht mit der Spaltung und der Entfremdung abfinden, die durch die Teilung unter uns hervorgerufen wurden. Wir haben die Gelegenheit, einen entscheidenden Moment unserer Geschichte wiedergutzumachen, indem wir Kontroversen und Missverständnisse überwinden, die oft verhindert haben, dass wir einander verstehen konnten.

Jesus sagt uns, dass der Vater der Winzer ist (vgl. Joh 14,1), der den Weinstock pflegt und beschneidet, damit er mehr Frucht bringt (vgl. Joh 14,2). Der Vater ist ständig um unsere Beziehung zu Jesus besorgt, um zu sehen, ob wir wirklich mit ihm eng verbunden sind (vgl. Joh 14,4). Er schaut auf uns, und sein liebevoller Blick ermutigt uns, unsere Vergangenheit aufzuarbeiten und in der Gegenwart dafür zu arbeiten, dass jene Zukunft der Einheit, die er so ersehnt, Wirklichkeit wird.

Auch wir müssen liebevoll und ehrlich unsere Vergangenheit betrachten, Fehler eingestehen und um Vergebung bitten. Allein Gott ist der Richter. Mit der gleichen Ehrlichkeit und Liebe muss man zugeben, dass unsere Spaltung von dem ursprünglichen Empfinden des Gottesvolkes, das sich von Natur aus nach Einheit sehnt, weggeführt hat und in der Geschichte mehr durch Vertreter weltlicher Macht aufrecht erhalten wurde, als durch den Willen des gläubigen Volkes, das immer und überall der sicheren und liebevoll-sanften Führung durch seinen Guten Hirten bedarf. Allerdings gab es auf beiden Seiten den ehrlichen Willen, den wahren Glauben zu bekennen und zu verteidigen, doch wir sind uns auch bewusst, dass wir uns in uns selbst verschanzt haben aus Furcht oder Vorurteilen gegenüber dem Glauben, den die anderen mit einer anderen Akzentuierung und in einer anderen Sprache bekennen. Papst Johannes Paul II. sagte: Es »kann uns nicht die Absicht leiten, uns zu Richtern der Geschichte aufzuwerfen, sondern das Ziel darf einzig sein, besser zu erkennen und damit wahrheitsfähiger zu werden«[16]. Gott ist der Eigentümer des Weinbergs und er pflegt und schützt ihn mit unermesslicher Liebe. Lassen wir uns durch den Blick Gottes innerlich anrühren – das Einzige, was er sich wünscht, ist, dass wir als lebendige Weinreben mit seinem Sohn Jesus verbunden bleiben. Mit dieser neuen Sicht der Vergangenheit beanspruchen wir nicht, eine undurchführbare Korrektur dessen zu verwirklichen, was geschehen ist, sondern wir beabsichtigen, »diese Geschichte anders zu erzählen«[17].

Jesus erinnert uns: »Getrennt von mir könnt ihr nichts vollbringen« (Joh 15,5). Er ist es, der uns unterstützt und uns ermutigt, die Wege zu suchen, damit die Einheit eine immer sichtbarere Wirklichkeit wird. Zweifellos ist die Trennung eine ungeheure Quelle von Leiden und Missverständnissen gewesen, doch sie hat uns auch zu der ehrlichen Einsicht geführt, dass wir getrennt von Ihm nichts vollbringen können, und uns zugleich die Möglichkeit gegeben, einige Aspekte unseres Glaubens besser zu verstehen. Dankbar erkennen wir an, dass die Reformation dazu beigetragen hat, die Heilige Schrift mehr ins Zentrum des Lebens der Kirche zu stellen. Durch das gemeinsame Hören auf das Wort Gottes in der Schrift hat der Dialog zwischen der Katholischen Kirche und dem Lutherischen Weltbund, dessen 50-jähriges Bestehen wir feiern, wichtige Schritte zurückgelegt. Bitten wir den Herrn, dass sein Wort uns zusammenhalte, denn es ist ein Quell von Nahrung und Leben; ohne seine Inspiration können wir nichts vollbringen.

16 Botschaft an Kardinal Johannes Willebrands, Präsident des Sekretariats für die Einheit der Christen, 31. Oktober 1983.

17 Lutherisch/Römisch-katholische Kommission für die Einheit, Vom Konflikt zur Gemeinschaft, 16 (Leipzig/Paderborn 2013).

Die geistliche Erfahrung Martin Luthers hinterfragt uns und erinnert uns daran, dass wir ohne Gott nichts vollbringen können. »Wie bekomme ich einen gnädigen Gott?« – das ist die Frage, die Luther ständig umtrieb. Tatsächlich ist die Frage nach der rechten Gottesbeziehung die entscheidende Frage des Lebens. Bekanntlich begegnete Luther diesem barmherzigen Gott in der Frohen Botschaft vom menschgewordenen, gestorbenen und auferstandenen Jesus Christus. Mit dem Grundsatz »Allein aus Gnade« werden wir daran erinnert, dass Gott immer die Initiative ergreift und jeder menschlichen Antwort zuvorkommt, und zugleich, dass er versucht, diese Antwort auszulösen. Daher bringt die Rechtfertigungslehre das Wesen des menschlichen Daseins vor Gott zum Ausdruck.

Jesus tritt als Mittler für uns beim Vater ein und bittet ihn um die Einheit seiner Jünger, »damit die Welt glaubt« (Joh 17,21). Das ist es, was uns Kraft gibt und uns bewegt, uns Jesus anzuschließen, um den Vater nachdrücklich zu bitten: »Gewähre uns das Geschenk der Einheit, damit die Welt an die Macht deiner Barmherzigkeit glaubt.« Das ist das Zeugnis, das die Welt von uns erwartet. Wir werden als Christen in dem Maße ein glaubwürdiges Zeugnis der Barmherzigkeit sein, in dem Vergebung, Erneuerung und Versöhnung unter uns eine tägliche Erfahrung ist. Gemeinsam können wir auf konkrete Weise und voll Freude die Barmherzigkeit Gottes verkünden und offenbaren, indem wir die Würde eines jeden Menschen verteidigen und ihr dienen. Ohne diesen Dienst an der Welt und in der Welt ist der christliche Glaube unvollständig.

Als Lutheraner und Katholiken beten wir gemeinsam in dieser Kathedrale und sind uns bewusst, dass wir getrennt von Gott nichts vollbringen können. Wir erbitten seine Hilfe, damit wir lebendige, mit ihm verbundene Glieder sind, immer seiner Gnade bedürftig, um gemeinsam sein Wort in die Welt zu tragen – in diese Welt, die seiner zärtlichen Liebe und seiner Barmherzigkeit so sehr bedarf.

PREDIGT BEIM GEMEINSAMEN ÖKUMENISCHEN GEBET IN LUND/SCHWEDEN, 31.10.16

Sehnsucht nach der Eucharistie in einem Mahl – eine katholisch-lutherische Erklärung

»Bleibt in mir, dann bleibe ich in euch. Wie die Rebe aus sich keine Frucht bringen kann, sondern nur, wenn sie am Weinstock bleibt, so könnt auch ihr keine Frucht bringen, wenn ihr nicht in mir bleibt.« (Joh 15,4)

Mit dankbaren Herzen

Mit dieser Gemeinsamen Erklärung bringen wir Gott unsere frohe Dankbarkeit für diesen Augenblick des gemeinsamen Gebets in der Kathedrale von Lund zum Ausdruck und beginnen damit das Gedenken an 500 Jahre Reformation. 50 Jahre ununterbrochener und fruchtbarer ökumenischer Dialog zwischen Katholiken und Lutheranern haben uns geholfen, viele Unterschiede zu überwinden, und haben unser gegenseitiges Verständnis und Vertrauen vertieft. Gleichzeitig sind wir einander durch gemeinsame Dienste an unseren Mitmenschen, oft in Situationen von Leid und Verfolgung, nähergekommen. Durch Dialog und gemeinsames Zeugnis sind wir nicht länger Fremde. Vielmehr haben wir gelernt, dass das uns Verbindende größer ist als das Trennende.

Vom Konflikt zur Gemeinschaft

Während wir eine tiefe Dankbarkeit empfinden für die geistlichen und theologischen Gaben, die wir durch die Reformation empfangen haben, bekennen und beklagen wir vor Christus zugleich, dass Lutheraner und Katholiken die sichtbare Einheit der Kirche verwundet haben. Theologische Unterschiede wurden von Vorurteilen und Konflikten begleitet und Religion wurde für politische Ziele instrumentalisiert. Unser gemeinsamer Glaube an Jesus Christus und unsere Taufe verlangen von uns eine tägliche Umkehr, durch die wir die historischen Meinungsverschiedenheiten und Konflikte, die den Dienst der Versöhnung behindern, ablegen. Während die Vergangenheit nicht verändert werden kann, kann das, woran man sich erinnert und wie man sich erinnert, verwandelt werden. Wir beten um die Heilung unserer Wunden und Erinnerungen, die den Blick aufeinander verdunkeln. Nachdrücklich lehnen wir allen vergangenen und gegenwärtigen Hass und alle Gewalt ab, besonders jene im Namen der Religion. Wir hören heute Gottes Gebot, jeden Konflikt beizulegen. Wir erkennen, dass wir durch Gnade befreit sind, uns zur Gemeinschaft hin zu begeben, zu der Gott uns beständig ruft.

Unsere Verpflichtung zum gemeinsamen Zeugnis

Da wir diese Begebenheiten der Geschichte, die uns belasten, hinter uns lassen, verpflichten wir uns, gemeinsam Gottes barmherzige Gnade zu bezeugen, die im gekreuzigten und auferstandenen Christus sichtbar geworden ist. Im Bewusstsein, dass die Art und Weise, wie wir miteinander in Beziehung treten, unser Zeugnis für das Evangelium prägt, verpflichten wir uns selbst, in der Gemeinschaft, die in der Taufe wurzelt, weiter zu wachsen, indem wir uns bemühen, die verbleibenden Hindernisse zu beseitigen, die uns davon abhalten, die volle Einheit zu erlangen. Christus will, dass wir eins sind, damit die Welt glaubt (vgl. Joh 17,21).

Viele Mitglieder unserer Gemeinschaften sehnen sich danach, die Eucharistie in einem Mahl zu empfangen als konkreten Ausdruck der vollen Einheit. Wir erfahren den Schmerz all derer, die ihr ganzes Leben teilen, aber Gottes erlösende Gegenwart im eucharistischen Mahl nicht teilen können. Wir erkennen unsere gemeinsame pastorale Verantwortung, dem geistlichen Hunger und Durst unserer Menschen, eins zu sein in Christus, zu begegnen. Wir sehnen uns danach, dass diese Wunde im Leib Christi geheilt wird. Dies ist das Ziel unserer ökumenischen Bemühungen. Wir wünschen, dass sie voranschreiten, auch indem wir unseren Einsatz im theologischen Dialog erneuern.

Wir beten zu Gott, dass Katholiken und Lutheraner fähig sein werden, gemeinsam das Evangelium Jesu Christi zu bezeugen, indem sie die Menschheit einladen, die gute Nachricht von Gottes Heilshandeln zu hören und zu empfangen. Wir bitten Gott um Eingebung, Ermutigung und Kraft, damit wir zusammenstehen können im Dienst und so für die Würde und die Rechte des Menschen, besonders der Armen, eintreten, für die Gerechtigkeit arbeiten und alle Formen von Gewalt zurückweisen. Gott fordert uns auf, all denen nahe zu sein, die sich nach Würde, Gerechtigkeit, Frieden und Versöhnung sehnen. In besonderer Weise erheben wir heute unsere Stimme für ein Ende der Gewalt und des Extremismus, die so viele Länder und Gemeinschaften sowie unzählige Schwestern und Brüder in Christus betreffen. Wir bitten dringend, dass Lutheraner und Katholiken zusammenarbeiten, um den Fremden aufzunehmen, denen zu Hilfe zu kommen, die wegen Krieg und Verfolgung gezwungen waren zu fliehen, und die Rechte der Flüchtlinge und der Asylsuchenden zu verteidigen.

Mehr als je zuvor stellen wir fest, dass unser gemeinsamer Dienst in dieser Welt sich auf Gottes Schöpfung erstrecken muss, die durch Ausbeutung und die Auswirkungen einer unersättlichen Gier in Mitleidenschaft gezogen wird. Wir anerkennen das Recht der zukünftigen Generationen, sich an Gottes Erde in all ihrem Reichtum und all ihrer Schönheit zu erfreuen. Wir bitten um einen Wandel der Herzen und der Sinne, der uns zu einer liebevollen und verantwortlichen Art und Weise der Sorge für die Schöpfung führt.

Eins in Christus

Bei diesem glücklichen Anlass bekunden wir unsere Dankbarkeit gegenüber den Brüdern und Schwestern, die die verschiedenen christlichen Weltgemeinschaften und -vereinigungen vertreten, die anwesend sind und sich im Gebet mit uns verbinden. Wenn wir uns wieder verpflichten, uns vom Konflikt zur Gemeinschaft zu bewegen, tun wir das als Teil des einen Leibes Christi, in den wir alle durch die Taufe eingegliedert worden sind. Wir fordern unsere ökumenischen Partner auf, uns an unsere Verpflichtungen zu erinnern und uns zu ermutigen. Wir bitten sie, weiter für uns zu beten, mit uns zu gehen und uns dabei zu unterstützen, unser durchbetetes Engagement, das wir täglich zu erkennen geben, lebendig werden zu lassen.

Aufruf an Katholiken und Lutheraner weltweit

Wir wenden uns an alle lutherischen und katholischen Gemeinden und Gemeinschaften, unerschrocken und schöpferisch, freudig und hoffnungsvoll bezüglich ihres Vorsatzes zu sein, die große Reise, die vor uns liegt, fortzusetzen. Mehr als die Konflikte der Vergangenheit wird Gottes Gabe der Einheit unter uns die Zusammenarbeit leiten und unsere Solidarität vertiefen. Indem wir uns im Glauben an Christus näher kommen, indem wir miteinander beten, indem wir aufeinander hören und Christi Liebe in unseren Beziehungen leben, öffnen wir uns, Katholiken und Lutheraner, der Macht des Dreieinen Gottes. In Christus verwurzelt und ihn bezeugend erneuen wir unsere Entscheidung, treue Boten von Gottes grenzenloser Liebe für die ganze Menschheit zu sein.

GEMEINSAME ERKLÄRUNG VON PAPST FRANZISKUS
UND DEM LUTHERISCHEN WELTBUND ZUM
REFORMATIONSGEDENKEN IN LUND/SCHWEDEN, 31.10.16

Die Revolution der Zärtlichkeit in Gang bringen

Liebe Brüder und Schwestern,
ich danke Gott für dieses gemeinsame Gedenken des 500. Jahrestags der Reformation, das wir mit einer erneuerten Mentalität und in dem Bewusstsein erleben, dass die Einheit unter den Christen eine Priorität ist. Denn wir erkennen, dass unter uns das, was uns eint, viel mehr ist als das, was uns trennt. Der Weg, den wir unternommen haben, um zur Einheit zu gelangen, ist bereits ein großes Geschenk, das Gott uns macht, und dank seiner Hilfe sind wir heute hier versammelt – Lutheraner und Katholiken – in einem Geist der Gemeinschaft, um unseren Blick auf den einen Herrn Jesus Christus zu richten.

Der Dialog zwischen uns hat ermöglicht, das gegenseitige Verständnis zu vertiefen, wechselseitiges Vertrauen zu schaffen und den Wunsch zu bekräftigen, auf die volle Gemeinschaft zuzugehen. Eine der Früchte, die dieser Dialog hervorgebracht hat, ist die Zusammenarbeit zwischen verschiedenen Organisationen des Lutherischen Weltbunds und der Katholischen Kirche. Dank diesem neuen Klima des Verständnisses werden die *Caritas Internationalis* und die *Lutheran World Federation – World Service* eine gemeinsame Erklärung über Vereinbarungen unterzeichnen, deren Ziel es ist, eine Kultur der Zusammenarbeit zur Förderung der Menschenwürde und der sozialen Gerechtigkeit zu entwickeln und zu festigen. Herzlich begrüße ich die Mitglieder beider Organisationen, die in einer durch Kriege und Konflikte zersplitterten Welt ein leuchtendes Beispiel der Hingabe und des Dienstes für den Nächsten waren und sind. Ich ermuntere sie, auf dem Weg der Zusammenarbeit weiterzugehen.

Aufmerksam habe ich die Zeugnisse angehört, wie ihr inmitten vieler Herausforderungen Tag für Tag hingebungsvoll euer Leben dem Aufbau einer Welt widmet, die immer mehr den Plänen Gottes, unseres Vaters, entsprechen soll. Sunemia Pranita hat von der Schöpfung gesprochen. Es stimmt: Die ganze Schöpfung ist eine Manifestation der unermesslichen Liebe Gottes zu uns; darum können wir auch auf dem Weg über die Gaben der Natur Gott betrachten. Ich teile deine Bestürzung über die Missbräuche, die unserem Planeten, unserem gemeinsamen Haus, schaden und auch ernste Folgen für das Klima hervorrufen. Wie du richtig erwähnt hast, fallen die stärksten Beeinträchtigungen oft auf die Menschen zurück, die am verletzlichsten sind und über weniger Mittel verfügen und daher gezwungen sind auszuwandern, um sich vor den Auswirkungen des Klimawandels zu retten. Wie wir in unserem Land – in meinem Land – sagen: Am Ende hört das große Fest damit auf, dass die Armen die Zeche bezahlen. Alle sind wir verantwortlich für die Bewahrung der Schöpfung, und in besonderer Weise wir Christen. Unser Lebensstil und unser Verhalten müssen mit unserem Glauben übereinstimmen. Wir sind berufen, für eine Harmonie mit uns selbst und mit den anderen, aber auch mit Gott und dem Werk seiner Hände zu sorgen. Pranita, ich ermutige dich, mit deinem Engagement für unser gemeinsames Haus fortzufahren. Danke!

Prälat Héctor Fabio Henao hat uns über die gemeinsame Arbeit informiert, die Katholiken und Lutheraner in Kolumbien vollbringen. Es ist eine gute Nachricht, zu erfahren, dass die Christen sich zusammentun, um gemeinnützige kommunale und soziale Prozesse ins Leben zu rufen. Ich bitte euch um ein besonderes Gebet für dieses wunderbare Land, damit unter Mitwirkung aller endlich der so ersehnte und für ein würdiges menschliches Zusammenleben so notwendige Friede erreicht werden kann. Und weil das Herz des Christen, wenn es auf Jesus schaut, keine Grenzen kennt: Deshalb möge das Gebet noch darüber hinaus gehen und all die Länder mit einschließen, in denen schwere Konfliktsituationen fortdauern.

Marguerite hat uns auf die Arbeit für Kinder aufmerksam gemacht, die Opfer vieler Grausamkeiten sind, und auf den Einsatz für den Frieden. Es ist etwas Bewundernswertes und zugleich ein Aufruf, zahllose Situationen der Verletzlichkeit ernst zu nehmen, unter denen viele wehrlose Menschen – jene, die keine Stimme haben – leiden. Was du als eine Sendung betrachtest, ist ein Same gewesen, ein Same, der reichlich Frucht gebracht hat, und dank diesem Samen können heute Tausende Kinder lernen, heranwachsen und die Gesundheit wiedererlangen. Du hast auf die Zukunft gesetzt. Danke. Ich danke dir dafür, dass du jetzt sogar im Exil weiter eine Friedensbotschaft vermittelst. Du hast gesagt, dass alle, die dich kennen, meinen, dass das, was du tust, ein Irrsinn ist. Freilich, es ist der Irrsinn der Gottes- und der Nächstenliebe. Könnte man doch nur diesen vom Glauben und vom Vertrauen auf die göttliche Vorsehung erleuchteten Irrsinn verbreiten! Mach weiter, und möge diese Stimme der Hoffnung, die du zu Beginn deines Abenteuers und deines beherzten Einsatzes gehört hast, weiter dein Herz und das Herz vieler junger Menschen ermutigen!

Rose, die Jüngste, hat ein wirklich bewegendes Zeugnis gegeben. Sie hat es verstanden, aus dem Talent, das Gott ihr geschenkt hat, durch den Sport einen Nutzen zu ziehen. Anstatt ihre Kräfte in widrigen Situationen zu vergeuden, hat sie sie für ein gehaltvolles Leben eingesetzt. Während ich deine Geschichte anhörte, kam mir das Leben vieler Jugendlicher in den Sinn, die Zeugnisse wie das deine brauchen. Ich würde gerne daran erinnern, dass alle diesen wunderbaren Umstand, Kinder Gottes zu sein, und das Privileg, von ihm gewollt und geliebt zu sein, entdecken können. Rose, ich danke dir von Herzen für deine Bemühungen und deine Fürsorge, andere Mädchen zu ermutigen, in die Schule zurückzukehren, und auch dafür, dass du alle Tage für den Frieden in dem jungen Staat Süd-Sudan betest, der dieses Friedens so sehr bedarf.

Nachdem ich diese mutigen Zeugnisse gehört habe, die uns an unser eigenes Leben denken lassen und daran, wie ich auf Notsituationen reagiere, die es in unserer Nähe gibt, möchte ich allen Regierungen danken, die den Flüchtlingen helfen; allen Regierungen, die den Vertriebenen und den Asylsuchenden beistehen, denn alle Taten zugunsten dieser Schutzbedürftigen sind eine wichtige Geste der Solidarität und der Anerkennung ihrer Würde. Für uns Christen ist es eine Priorität, den Ausgeschlossenen – weil sie aus ihrer Heimat ausgeschlossen sind – und an den Rand Gedrängten unserer Welt entgegenzugehen und die Zärtlichkeit und die barmherzige Liebe Gottes, der niemanden ausschließt, sondern alle aufnimmt, spürbar zu machen. Von uns Christen wird heute verlangt, die Revolution der Zärtlichkeit in Gang zu bringen.

Gleich werden wir das Zeugnis von Bischof Antoine (Audo) hören, der in Aleppo lebt, der vom Krieg ausgezehrten Stadt, wo sogar die grundlegendsten Rechte missachtet und mit Füßen getreten werden. Die Nachrichten berichten uns täglich von dem unbeschreiblichen Leiden, das durch den syrischen Konflikt, jenen Konflikt im geliebten Syrien, verursacht wird, der schon über fünf Jahre andauert. Inmitten von so viel Zerstörung ist es wirklich heldenhaft, dass dort Männer und Frauen ausharren, um Notleidenden materiellen und geistlichen Beistand zu bieten. Es ist auch bewundernswert, dass du, lieber Bruder Antoine, inmitten so vieler Gefahren weiterarbeitest, um uns von der dramatischen Situation der Syrer zu berichten. Jeder Einzelne von ihnen hat einen Platz in unserem Herzen und in unserem Gebet. Lasst uns die Gnade der Bekehrung der Herzen derer erflehen, die für die Belange der Welt wie für die Belange dieser Region und der in ihr operierenden Kräfte die Verantwortung tragen!

Liebe Brüder und Schwestern, lassen wir uns von den Widrigkeiten nicht niederdrücken! Mögen diese Geschichten uns motivieren und uns neuen Antrieb geben, immer mehr vereint zu arbeiten. Wenn wir nach Hause zurückkehren, lasst uns das Engagement mitnehmen, jeden Tag eine Geste des Friedens und der Versöhnung zu vollbringen, um mutige und ehrliche Zeugen der christlichen Hoffnung zu sein! Und wie wir wissen: Die Hoffnung lässt nicht zugrunde gehen. Danke!

Ökumenische Veranstaltung im Stadion
von Malmö/Schweden, 31.10.16

Luther wollte eine Reform, die wie Medizin sein sollte – Interview

Frage: Welche Bedeutung hatte das gemeinsame Gedenken der 500 Jahre der Reform in Schweden gemeinsam mit den Lutheranern? War das eine Flucht nach vorn?

Antwort: Die Begegnung mit der lutherischen Kirche in Lund war ein weiterer Schritt im ökumenischen Weg, der vor 50 Jahren begann. Der protestantisch-katholische Dialog brachte 1999 als Meilenstein die gemeinsame Erklärung zur Rechtfertigungslehre; es geht darum, wie Christus uns gerecht macht und uns mit seiner Gnade rettet, der Punkt also, von dem die Überlegungen Luthers ausgegangen waren. Es war eine Rückkehr zum Wesentlichen des Glaubens, um die Natur dessen wiederzuentdecken, das uns eint. Darüber sprach Benedikt XVI. in Erfurt mit großer Klarheit. Er wiederholte, dass Luther die Frage:»Wie kriege ich einen barmherzigen Gott?« ins Herz gedrungen war, sie bestimmte jede seiner theologischen und inneren Suchbewegungen. Luther wollte eine Reform, die wie Medizin sein sollte. Dann aber verfestigten sich die Dinge, die politischen Interessen der Zeit unterwanderten die Dinge, und am Ende musste jeder der Konfession des jeweiligen Machthabers folgen.

Frage: Einige behaupteten, Sie würden die katholische Lehre »verschleudern« und die Kirche »protestantisieren«.

Antwort: Das raubt mir nicht den Schlaf. Ich fahre fort auf dem Weg meiner Vorgänger, ich folge dem Konzil. Was die Meinungen anlangt, muss man immer unterscheiden, in welchem Geist sie geäußert werden. Wenn das kein schlechter Geist ist, helfen diese Meinungen auch beim Voranschreiten. Bei anderen sieht man sofort, dass die Kritik eine vorgefasste Meinung rechtfertigen soll. Eine solche Kritik ist nicht ehrlich, sie wird mit der Absicht geäußert, Spaltung hervorzurufen. Gewisse strenge Haltungen entspringen einem Mangel, das sieht man. Da will jemand in einer Rüstung seine traurige Unzufriedenheit verstecken.

Frage: Wie sind die noch offenen kirchlichen Fragen mit den Protestanten zu klären, so die Frage der Eucharistie?

Antwort: Die gemeinsame Erklärung zur Rechtfertigung ist die Grundlage, um die theologische Arbeit fortzusetzen. Der theologische Weg ist wichtig, aber immer gemeinsam mit dem Gebet und im gemeinsamen Üben von Nächstenliebe. Werke, die sichtbar sind.

Frage: Welche Wege muss man einschlagen, um zur Einheit zu gelangen?

Antwort: Prozesse anstoßen statt Räume besetzen, das ist der Schlüssel auch des ökumenischen Wegs. In diesem historischen Moment wird die Einheit auf zwei Wegen gemacht: gemeinsam vorangehen mit den Werken der Nächstenliebe, miteinander beten, und dann auch: das gemeinsame Bekenntnis anerkennen, das sich im gemeinsame Martyrium in Namen Christi ausdrückt – Ökumene des Blutes. Hier sieht man, dass der Feind unsere Einheit anerkennt, die Einheit der Getauften. Der Feind irrt nicht in diesem

Punkt. Das alles ist Ausdruck einer sichtbaren Einheit. Miteinander beten ist sichtbar. Werke der Nächstenliebe miteinander zu tun ist sichtbar. Das geteilte Martyrium im Namen Christi ist sichtbar.

Frage: Unter den Katholiken ist diese Sensibilität für die Suche nach Einheit und der Schmerz über die Trennung nicht immer lebendig ...

Antwort: Lund war, wie die früheren Schritte in der Ökumene, ein Schritt nach vorn, um den Skandal der Trennung zu begreifen, der den Leib Christi verletzt. Auch vor der Welt können wir uns das nicht erlauben. Wie können wir die Wahrheit der Liebe bezeugen, wenn wir streiten und uns trennen? Als ich ein Kind war, hat man mit den Protestanten nicht geredet. In Buenos Aires gab es einen katholischen Priester, der, wenn die Protestanten predigen kamen, die Jugendgruppen ausschwärmen ließ, um ihre Zelte zu verbrennen. Die Zeiten haben sich geändert. Der Skandal kann überwunden werden, einfach indem man die Dinge gemeinsam macht mit Gesten der Einheit und der Geschwisterlichkeit.

INTERVIEW MIT DER KATHOLISCHEN
ITALIENISCHEN TAGESZEITUNG »AVVENIRE«, 17.11.16

3. Früher kamen alle Protestanten in die Hölle: Eine Kindheitserinnerung, drei Reden und ein Gespräch

Das gemeinsame Ziel der vollen und sichtbaren Einheit der Christen scheint bisweilen in die Ferne zu rücken, wenn im Dialog selbst unterschiedliche Interpretationen dessen auftreten, was die Kirche und was ihre Einheit ist. Trotz dieser noch offenen Fragen dürfen wir nicht aufgeben, sondern müssen uns vielmehr auf den nächsten möglichen Schritt konzentrieren.

AN EINE DELEGATION DER EVANGELISCH-LUTHERISCHEN KIRCHE DEUTSCHLANDS, 18.12.14

Ein Papst, der Bonhoeffer liest

Zu den Eigentümlichkeiten des Papstes vom Ende der Welt gehört, dass er versucht, die Dinge, wie er immer wieder mal formuliert, von der »Peripherie« aus zu sehen und nicht vom Zentrum. Das führt dazu, dass ökumenische Player ins Blickfeld gerückt sind, die früher im Vatikan eher unter »ferner liefen« registriert wurden, etwa Freikirchen, Evangelikale und Pfingstler. Zu ihnen hat Franziskus schon in seiner Zeit als Erzbischof von Buenos Aires vertrauensvolle Beziehungen unterhalten, und diesen Geist hat er mit in sein Pontifikat gebracht.

Wie aber hält er's mit den klassischen ökumenischen Partnern, vor allem dem Luthertum? In dieser Hinsicht gab es zunächst einige Fragezeichen, ja Befürchtungen. Schließlich konnte der Argentinier unmöglich die Detailkenntnis seines deutschen Vorgängers Benedikt XVI. (2005–2013) mitbringen, was vielleicht ein Nachteil war. Franziskus schuf Klarheit, als er keine vier Wochen nach seiner Wahl, am 8. April 2013, den damaligen Ratsvorsitzenden der Evangelischen Kirche Deutschlands (EKD), Nikolaus Schneider, und dessen Frau Anne als erste Besucher aus Deutschland überhaupt in Einzelaudienz empfing.

Nicht nur atmosphärisch war die Begegnung »von Herz zu Herz« (Schneider) ein Erfolg; der rheinische Präses und der Papst nannten sich gegenseitig Bruder und beteten ein Vaterunser zusammen. Vor allem aber machte Franziskus nach den Angaben seines Gesprächspartners deutlich, »wie wichtig es ihm ist, dass wir als Kirchen den Weg des Glaubenszeugnisses in dieser Welt gemeinsam gehen, dass für uns beide bei allen eigenen Identitäten Christus in der Mitte steht«. Das sei ein »Papst, der bereit ist, Fenster und Türen zu öffnen, um neue Wege zu gehen«, resümierte der EKD-Ratschef.

Aufschlussreich war, dass auch der Schweizer Kardinal Kurt Koch, der den Päpstlichen Einheitsrat leitet und damit der »Ökumene-Minister« des Papstes ist, nach der Audienz erklärte, er habe den Eindruck gewonnen, dass Franziskus die Reformation besser kenne als angenommen. Der Papst habe in dem Gespräch erwähnt, dass er während seines Studiums das Buch »Widerstand und Ergebung« des protestantischen Theologen Dietrich Bonhoeffer gelesen habe. Offenbar war sich Kardinal Koch bis dahin nicht ganz sicher gewesen, ob sich der neue Papst in der klassischen Ökumene wirklich als sattelfest erweisen würde.

Dieses Kapitel führt einige Ansprachen des Papstes bei Begegnungen mit Protestanten im Vatikan auf. Es bietet sozusagen den offiziellen Blick von Franziskus auf die ökumenischen Beziehungen zu den protestantischen Kirchen. Damit das aber nicht päpstlicher gerät, als dieser Papst ist, habe ich noch eine Kindheitserinnerung von Jorge Mario Bergoglio vorangestellt – und ein Frage-Antwort-Spiel an den Schluss gesetzt, auf das er sich mal mit mehrheitlich protestantischen Besuchern aus Mitteldeutschland eingelassen hat. Diese Besucher waren junge Leute, die an einer Wallfahrt »Mit Luther zum Papst« teilnahmen – bei dieser Gelegenheit entstanden wohl die ersten Fotos eines Papstes mit einer Lutherstatue.

Als ich vier oder fünf Jahre alt war ...

Als ich Kind war – damals vor siebzig Jahren – kamen alle Protestanten in die Hölle, alle. So sagte man uns. Ich erinnere mich an meine erste ökumenische Erfahrung – das habe ich vor kurzem den Verantwortlichen der Heilsarmee erzählt: Ich war vier oder fünf Jahre alt – doch ich erinnere mich gut daran, ich habe es noch vor Augen – und ging an der Hand meiner Großmutter durch eine Straße. Auf dem gegenüberliegenden Bürgersteig kamen zwei Frauen der Heilsarmee vorbei. Sie trugen jene Hüte, die sie damals trugen, mit einer Schleife, etwas dieser Art; jetzt tragen sie es nicht mehr. Ich fragte meine Großmutter: »Sag mir, Oma, sind das Nonnen?« Und sie antwortete mir: »Nein, das sind Protestanten, aber gute«. Da habe ich zum ersten Mal gehört, dass jemand gut über einen Menschen anderer Religion gesprochen hat: über einen Protestanten. Damals sagte man in der

Katechese, dass sie alle in die Hölle kommen. Doch ich glaube, dass das Bewusstsein der Kirche für die Achtung der Werte [der anderen] sehr zugenommen hat ...

FLIEGENDE PRESSEKONFERENZ AUF DEM WEG
VON COLOMBO NACH MANILA, 15.1.15

Sehnsucht nach der Einheit

Ich denke mit tiefer Dankbarkeit unserem Herrn Jesus Christus gegenüber an die zahlreichen Fortschritte, die in den vergangenen Jahrzehnten in den Beziehungen zwischen Lutheranern und Katholiken gemacht wurden, und zwar nicht nur durch den Dialog auf theologischer Ebene, sondern auch durch eine brüderliche Zusammenarbeit in einer Vielfalt pastoraler Kontexte, vor allem aber auch in der Verpflichtung dazu, in der geistlichen Ökumene voranzugehen.

Dieses letztere Gebiet stellt in einem gewissen Sinne die Seele unseres Weges hin zur vollen Gemeinschaft dar und gestattet uns bereits jetzt einen Vorgeschmack auf ihre Ergebnisse – so unvollkommen sie auch noch sein mögen. In dem Maße, in dem wir demütigen Geistes unserem Herrn Jesus Christus näherkommen, können wir gewiss sein, uns auch untereinander anzunähern. Und im selben Maße, in dem wir den Herrn um die Gabe der Einheit bitten, können wir Gewissheit haben, dass er uns an der Hand nehmen und dass er uns leiten wird. Man muss sich vom Herrn Jesus Christus an die Hand nehmen lassen. ...

Ich glaube, dass es für alle wirklich wichtig ist, die Anstrengung zu unternehmen, sich im Dialog mit der historischen Wirklichkeit der Reformation, mit ihren Konsequenzen und den Reaktionen, die sie hervorrief, auseinanderzusetzen. Sowohl Katholiken als auch Lutheraner können für den Schaden, den sie einander zugefügt haben, und für die Schuld, die sie vor Gott auf sich geladen haben, um Verzeihung bitten, und sich gemeinsam freuen über die Sehnsucht nach der Einheit, die der Herr in unseren Herzen erweckt hat und die uns hoffnungsvoll in die Zukunft schauen lässt.

Im Lichte dieses Jahrzehnte langen Weges sowie der zahlreichen Beispiele für die brüderliche Gemeinschaft zwischen Lutheranern und Katholiken, deren Zeugen wir sind, und angespornt durch den Glauben an die Gnade, die uns im Herrn Jesus Christus geschenkt wurde, bin ich gewiss, dass wir unseren Weg des Dialogs und der Gemeinschaft fortsetzen und sowohl die grundlegenden Fragen als auch die Unterschiede auf anthropologischem und ethischem Gebiet behandeln werden. Sicher, es sind der Schwierigkeiten nicht wenige, und sie werden auch künftig nicht ausbleiben. Sie werden weiterhin Geduld, Dialog und gegenseitiges Verständnis erfordern. Aber wir fürchten uns davor nicht! Wir wissen sehr genau, woran Benedikt XVI. oft erinnert hat, dass die Einheit weniger eine Frucht unserer Arbeit ist denn das Wirken des Heiligen Geistes, dem wir gläubig unsere Herzen öffnen müssen, damit er uns auf den Wegen der Versöhnung und der Gemeinschaft führen möge.

Der selige Johannes Paul II. hat sich die Frage gestellt: »Wie kann man denn das Evangelium von der Versöhnung verkünden, ohne sich gleichzeitig tätig für die Versöhnung der Christen einzusetzen?« (»Ut unum sint«, 98). Möge das treue und unablässige Gebet unserer Gemeinschaften den theologischen Dialog, die Erneuerung des Lebens und die Umkehr der Herzen unterstützen, so dass wir mit der Hilfe des Dreieinigen Gottes gemeinsam den Weg hin zur Erfüllung des Wunsches des Sohnes, Jesus Christus, gehen können, dass alle eins seien. Danke.

AN DEN LUTHERISCHEN WELTBUND, 21.10.13

Die Spaltungen können unsere tiefe Einheit nicht völlig zerstören

Liebe Brüder und Schwestern in Christus!

»Gnade sei mit euch und Friede von Gott, unserem Vater, und dem Herrn Jesus Christus, der sich für unsere Sünden hingegeben hat, um uns aus der gegenwärtigen bösen Welt zu befreien, nach dem Willen unseres Gottes und Vaters« (Gal 1,3–4). Der Apostel Paulus bringt in diesen Worten unseren gemeinsamen Glauben und unsere gemeinsame Hoffnung zum Ausdruck. Ich möchte euch bitten, diesen meinen Gruß, der verkündet, dass Jesus Christus der Herr und Erlöser ist, auch den Mitgliedern eurer jeweiligen Gemeinschaften zu übermitteln.

Indem wir unseren ganzen Willen mit erneuerter Liebe in den Dienst des Evangeliums stellen, helfen wir der Kirche, in Christus und mit Christus immer mehr der fruchtbare Weinstock des Herrn zu werden, bis »wir alle zur Einheit im Glauben und in der Erkenntnis des Sohnes Gottes gelangen, damit wir zum vollkommenen Menschen werden und Christus in seiner vollendeten Gestalt darstellen« (Eph 4,13). Diese Wahrheit gründet in unserer Taufe, durch die wir an den Früchten des Todes und der Auferstehung Christi teilhaben. Die Taufe ist eine unschätzbare Gabe Gottes, die uns gemeinsam ist (vgl. Gal 3,27). Wir haben es dieser Gabe zu verdanken, dass wir nicht mehr nur in der irdischen Dimension leben, sondern in der Kraft des Heiligen Geistes.

Das Sakrament der Taufe erinnert uns an eine grundlegende und äußerst tröstliche Wahrheit: Der Herr kommt uns stets mit seiner Liebe und seiner Gnade zuvor. Er geht unseren Gemeinschaften voraus. Er geht voraus, ist zuerst da und bereitet die Herzen derer vor, die das Evangelium verkünden, und auch die Herzen derer, die das Evangelium der Erlösung annehmen. »Aus einer Lektüre der Schrift geht außerdem klar hervor, dass das Angebot des Evangeliums nicht nur in einer persönlichen Beziehung zu Gott besteht. Und unsere Antwort der Liebe dürfte auch nicht als eine bloße Summe kleiner persönlicher Gesten gegenüber irgendeinem Notleidenden verstanden werden, … eine Reihe von Taten, die nur darauf ausgerichtet sind, das eigene Gewissen zu beruhigen. Das Angebot ist das Reich Gottes (vgl. Lk 4,43); es geht darum, Gott zu lieben, der in der Welt herrscht« (»Evangelii gaudium«, 180). Das Reich Gottes war immer schon vor uns da, gerade so wie das Mysterium der Einheit der Kirche immer schon vor uns da war. Es hat von Anfang an Spaltungen unter den Christen gegeben, und traurigerweise bestehen bis heute Konflikte und Gegensätze zwischen unseren Gemeinschaften. Dieser Umstand schwächt unsere Fähigkeit, das Gebot des Herrn zu erfüllen, allen Völkern das Evangelium zu verkünden (vgl. Mt 28,19–20). Unsere Spaltungen verunstalten die Schönheit des nahtlosen Gewandes Christi, aber sie vermögen es nicht, die tiefe Einheit vollkommen zu zerstören, die die Gnade in allen Getauften bewirkt hat (vgl. »Unitatis redintegratio«, 13). Die Wirksamkeit der christlichen Botschaft wäre zweifelsohne größer, wenn die Christen ihre Spaltungen überwinden und gemeinsam die Sakramente feiern, das

Wort Gottes verbreiten und für die Liebe Zeugnis ablegen könnten.

Es freut mich, zu erfahren, dass in verschiedenen Ländern der Erde Katholiken und evangelische Christen brüderlichen Umgang pflegen und als Brüder und Schwestern zusammenarbeiten. Außerdem haben die gemeinsamen Bemühungen des Päpstlichen Rats zur Förderung der Einheit der Christen und der Theologenkommission der Weltweiten Evangelischen Allianz neue Perspektiven eröffnet, indem sie Missverständnisse geklärt haben und Wege aufgezeigt haben, wie Vorurteile überwunden werden können. Ich hoffe, dass diese Gespräche unser gemeinsames Zeugnis und unsere Bemühungen, das Evangelium zu verkünden, noch weiter inspirieren können: »Wenn wir wirklich an das freie und großherzige Handeln des Geistes glauben, wie viele Dinge können wir voneinander lernen! Es handelt sich nicht nur darum, Informationen über die anderen zu erhalten, um sie besser kennen zu lernen, sondern darum, das, was der Geist bei ihnen gesät hat, als ein Geschenk aufzunehmen, das auch für uns bestimmt ist« (»Evangelii gaudium«, 246). Ich bin zuversichtlich, dass sich das Dokument »Das christliche Zeugnis in einer multireligiösen Welt: Empfehlungen für einen Verhaltenskodex« als hilfreich erweisen kann für die Verkündigung des Evangeliums in multireligiösen Kontexten.

Liebe Brüder und Schwestern, ich vertraue darauf, dass der Heilige Geist, der der Kirche durch seinen starken Hauch den Mut einflößt, nach neuen Methoden der Evangelisierung zu suchen, eine neue Ära der Beziehungen zwischen den Katholiken und den evangelischen Christen herbeiführen wird, damit der Wille des Herrn, dass das Evangelium bis an die Grenzen der Erde getragen werde (vgl. Apg 1,8), noch vollständiger erfüllt werde. Ich versichere euch meines Gebets in diesem Anliegen und bitte auch euch, für mich und meinen Dienst zu beten. Danke.

AN EINE DELEGATION DER WELTWEITEN
EVANGELISCHEN ALLIANZ, 6.10.14

Das Ziel nicht aufgeben, aber sich auf den nächsten Schritt konzentrieren

Der offizielle Dialog zwischen Lutheranern und Katholiken kann heute auf fast 50 Jahre intensiver Arbeit zurückblicken. Der beachtliche Fortschritt, der mit Gottes Hilfe erreicht wurde, ist eine solide Grundlage für eine echte, im Glauben und in der Spiritualität gelebte Freundschaft. Ungeachtet der theologischen Differenzen, die in verschiedenen Glaubensfragen noch bestehen, ist das Leben unserer Kirchen und kirchlichen Gemeinschaften, die heute einen gemeinsamen ökumenischen Weg beschreiten, von Zusammenarbeit und geschwisterlichem Miteinander gekennzeichnet. Wie der heilige Johannes Paul II. in der Enzyklika »Ut unum sint« betont hat, ist die ökumenische Verantwortung der katholischen Kirche nämlich eine wesentliche Aufgabe der Kirche selbst, die von der Einheit des Dreieinen Gottes zusammengerufen und auf sie hin ausgerichtet ist. Einvernehmlich erstellte Texte wie die »Gemeinsame Erklärung zur Rechtfertigungslehre« des Lutherischen Weltbundes und des Päpstlichen Rates zur Förderung der Einheit der Christen, die vor 15 Jahren in Augsburg offiziell unterzeichnet wurde und auf die Sie Bezug genommen haben, sind wichtige Meilensteine, die erlauben, den eingeschlagenen Weg zuversichtlich fortzusetzen.

Das gemeinsame Ziel der vollen und sichtbaren Einheit der Christen scheint bisweilen in die Ferne zu rücken, wenn im Dialog selbst unterschiedliche Interpretationen dessen auftreten, was die Kirche und was ihre Einheit ist. Trotz dieser noch offenen Fragen dürfen wir nicht aufgeben, sondern müssen uns vielmehr auf den nächsten möglichen Schritt konzentrieren. Vergessen wir nicht, dass wir gemeinsam einen Weg der Freundschaft, der gegenseitigen Achtung und der theologischen Forschung gehen, einen Weg, der uns hoffnungsvoll in die Zukunft blicken lässt. Eben darum wurden am vergangenen 21. November die Glocken aller Kathedralen in Deutschland geläutet, um an allen Orten die christlichen Brüder und Schwestern zu einem gemeinsamen Gottesdienst anlässlich des 50. Jahrestags der Verkündigung des Konzilsdekrets »Unitatis redintegratio« einzuladen.

Ich freue mich, dass die Kommission für den bilateralen Dialog zwischen der deutschen Bischofskonferenz und der evangelisch-lutherischen Kirche Deutschlands im Begriff ist, ihre Arbeit über das Thema »Gott und die Würde des Menschen« abzuschließen. Von größter Aktualität sind die Fragen, welche die Würde der menschlichen Person am Anfang und am Ende ihres Lebens betreffen, wie auch jene zur Familie, zur Ehe und zur Sexualität – Fragen, die nicht übergangen oder vernachlässigt werden dürfen, nur weil man den bisher erreichten ökumenischen Konsens nicht aufs Spiel setzen will. Es wäre sehr schade, wenn es angesichts dieser wichtigen, mit dem menschlichen Dasein verknüpften Fragen zu neuen konfessionellen Differenzen kommen würde. ...

In der Hoffnung, dass Ihr geschwisterlicher Besuch dazu beiträgt, die gute Zusammenarbeit zu stärken, die zwischen Lutheranern und Katholiken in Deutschland und in der Welt besteht, rufe

ich von Herzen den Segen des Herrn auf Sie und auf Ihre Gemeinschaften herab.

Wer ist besser, die Evangelischen oder die Katholischen? – Ein Gespräch

Frage: Ich bin Henriette aus Magdeburg, 15 Jahre alt. In unserem
Bundesland Sachsen-Anhalt sind etwa 80 Prozent der Menschen
ohne Konfession, 13,9 Prozent evangelisch, und 3,5 Prozent nur
sind katholisch. Die meisten meiner Freunde gehen nicht in die
Kirche und glauben nicht an Gott. Sie sind glücklich, hilfsbereit
und wirklich gute Freunde. Muss ich andere von meinem Glauben
überzeugen, oder reicht es, dass wir gute Freunde sind?

Antwort: Was muss ich meinen Freunden sagen, um sie von meinem Glauben zu überzeugen? Hör zu, das letzte, was du tun musst,
ist reden! Stattdessen sollst du leben als Christ, als Christin, die
erwählt ist, der vergeben wurde und die unterwegs ist zur Begegnung mit Christus. Es ist nicht erlaubt, deine Freunde zu deinem
Glauben zu überreden. Das Proselytentum ist das stärkste Gift
gegen den Weg der Ökumene. Du sollst Zeugnis geben von deinem
Leben als Christin. Das Zeugnis macht das Herz der Leute, die dir
begegnen, unruhig. Aus dieser Unruhe wächst dann die Frage:
warum lebt dieser Mann, diese Frau, so? Und das heißt, wir müssen
Boden bereiten, damit der Heilige Geist wirken kann. Der Geist
wirkt in den Herzen, nicht du! Die Gnade ist ein Geschenk, und der
Heilige Geist ist das Geschenk, das diese Gnade vermittelt. Dieses

Geschenk ist uns von Christus gegeben worden durch sein Leiden, seinen Tod und seine Auferstehung. Und der Heilige Geist ist es, der dann wirkt in den Herzen der Menschen. Und dann musst du sehr behutsam auf die Fragen der Menschen antworten, du musst erklären, warum du glaubst – aber ohne ihnen etwas aufzudrängen, ohne sie zu überreden.

Frage: Mein Name ist Justus, ist bin evangelisch und als Helfer bei dieser Pilgerfahrt. Ich finde vieles an der katholischen Kirche spannend und sehe manches kritisch. Was gefällt Ihnen an der evangelischen Kirche und was gefällt Ihnen nicht?

Antwort: Gute Lutheraner gefallen mir sehr! Die evangelischen Gläubigen, die wirklich dem Glauben von Jesus Christus folgen. Was mir hingegen nicht gefällt, sind katholische Lauwarme und evangelische Lauwarme. Die gefallen mir nicht.

Frage: Mein Name ist Leonie, ich komme aus der Lutherstadt Wittenberg. Was bedeutet für Sie Reformation und wer sind für Sie die wichtigsten Reformatoren unserer Geschichte?

Antwort: Im Mittelalter sagten die Theologen: Die Kirche muss immer reformiert werden. Das heißt, sie muss voranschreiten und reifen – immer. Kleine und größere Reformen der Kirche wollten diesen Weg gehen. Einige Reformen waren nicht glücklich, sie waren falsch, übertrieben, aber so ist es ja immer, die menschlichen Dinge sind nie perfekt. Aber reformieren, das ist eine kirchliche Tatsache. Wenn ihr mich fragt: Die größten Reformatoren der Kirche sind die Heiligen, die Männer und Frauen, die dem Wort des Herrn folgen und in die Tat umsetzen. Gehen auf diesem Weg, das reformiert die Kirche, das sind die großen Reformatoren. Vielleicht sind sie keine Theologen, vielleicht haben sie nicht studiert, vielleicht sind es einfache Leute, vielleicht große – aber ihre Seele ist erfüllt vom Evangelium, das sind die echten Reformatoren. Sowohl in der katholischen als auch in der evangelischen Kirche gibt es Frauen und Männer mit heiligem Herzen, die ganz und gar für das Evangelium gelebt haben.

Frage: Mein Name ist Johanna, ich komme aus Halle an der Saale in Ostdeutschland. In unserer Region gibt es viele Menschen, die das christliche Abendland verteidigen möchten und sich daher gegen Flüchtlinge und andere Religionen wenden. Da passt für mich nicht zusammen. Was kann das Christentum dazu beitragen, dass Flüchtlinge Schutz finden und die Welt sich auf den Weg des Friedens begibt?

Antwort: Ja, das ist ein Widerspruch: Jene, die das Christentum im Westen verteidigen wollen, und auf der anderen Seite sind sie gegen Flüchtlinge und gegen andere Religionen. Und das sehen wir jeden Tag im Fernsehen. Die Krankheit, man kann auch sagen die Sünde, die Jesus am meisten verurteilt, ist die Heuchelei. Man kann nicht Christ sein, ohne wie ein Christ zu leben. Man kann nicht Christ sein, ohne die Seligpreisungen zu leben. Man kann nicht Christ sein, ohne das zu tun, was Jesus uns lehrt in Matthäus 25. Jesus ermahnt seine Jünger vor dieser Sünde der Heuchelei und sagt, seid auf der Hut vor diesem Sauerteig der Heuchelei. Es ist heuchlerisch, sich zum Christentum zu bekennen und zugleich einen Flüchtling wegzujagen oder jemanden, der Hunger hat, jemanden wegzujagen, der meine Hilfe braucht. Wenn ich von mir behaupte, ich sei Christ, und das tue, dann bin ich ein Heuchler! Jesus hat uns die Haltung des Christen im Gleichnis vom guten Samariter vorgestellt. Dieser arme Mann war in Not, da kommt ein Rechtsgelehrter, sieht und geht weiter. Da kommt ein Priester, sieht und geht weiter. Und da kommt ein Sünder. Er empfindet Mitleid, nähert sich und hilft. Das ist der Weg, den wir gehen müssen, dieser ökumenische Weg: den anderen helfen, den Notleidenden helfen, den Brüdern und Schwestern in Not. Und miteinander beten.

(*Zu guter Letzt wollte Papst Franziskus seinerseits etwas von den Jugendlichen wissen:*) Wer ist besser? Die Evangelischen oder die Katholischen? (*Auf Deutsch:*) Besser ist: alle zusammen. Vielen Dank!

FRAGEN UND ANTWORTEN BEI EINER AUDIENZ FÜR EVANGELISCHE UND KATHOLISCHE JUGENDLICHE AUS MITTELDEUTSCHLAND, DEREN REISE UNTER DEM MOTTO »MIT LUTHER ZUM PAPST« STAND, 13.10.16 ÜBERSETZUNG DES HERAUSGEBERS

4. Heikle Frage Inter-kommunion: Der Papst in der lutherischen Gemeinde von Rom

Das Leben ist größer als Erklärungen und Deutungen. Nehmt immer auf die Taufe Bezug: »Ein Glaube, eine Taufe, ein Herr«, sagt uns Paulus, und von daher zieht die Schlussfolgerungen.

Antwort auf eine Frage in der lutherischen Gemeinde von Rom, 15.11.15

In der Nähe des römischen Parks »Villa Borghese« steht eine evangelisch-lutherische Kirche: die Christuskirche, ein neo-romanischer Bau von 1922. Sie ist Heimat für eine kleine lutherische Gemeinde, die sozusagen aus den Katakomben kommen durfte, als das Papsttum mit der italienischen Einigung 1870 seines Kirchenstaates verlustig ging. Bis dahin hatten die deutschen Lutheraner, die es in Rom gab – oft Künstler, Forscher oder Diplomaten –, nur in der Preußischen Botschaft auf dem Kapitolshügel Gottesdienst feiern können, nicht aber andernorts im heiligen Rom der Päpste.

Die Zeiten haben sich geändert, gottlob. Mittlerweile gehört die deutsch- und italienischsprachige Gemeinde mit etwa 500 Mitgliedern, die sonntags zum Gottesdienst teilweise aus entfernteren Ecken der Hauptstadtregion Latium kommen, fest zu Rom – und wird vom

Papsttum nicht mehr ignoriert oder gar verfolgt, sondern als ökumenischer Nachbar geschätzt. Umgekehrt ist aber auch der Christusgemeinde als, wie sie sich selbst beschreibt, »lutherische Minderheitskirche in einem größtenteils katholischen Umfeld« der ökumenische Einsatz besonders wichtig, ja eine »Herzensangelegenheit«. Denn viele der Mitglieder der Gemeinde sind mit einem Katholiken/einer Katholikin verheiratet, und im Freundes- und Bekanntenkreis stoßen sie oft auf Unverständnis, wenn sie sagen: Ich bin evangelisch-lutherisch.

Mehr möglich, als Bedenkenträger meinen

Natürlich brennt ihnen das Thema Interkommunion oder eucharistische Gastfreundschaft unter den Nägeln. Der konfessionelle Riss geht in ihrem Fall häufig mitten durch die Ehe, durch die Familie. Darum wurde dieses Thema auch angesprochen, als Papst Franziskus 2015 die Christuskirche besuchte.

Der Argentinier war schon der dritte Papst, der in die evangelisch-lutherische Gemeinde kam: 1983 hatte hier Johannes Paul II. von der Kanzel aus gepredigt, das war damals der erste Besuch eines Papstes überhaupt in einer lutherischen Kirche gewesen. Und 2010 nahm dann Benedikt XVI., der die Gemeinde bereits 1998 als Kardinal besucht hatte, in der Christuskirche an einem ökumenischen Gottesdienst teil und predigte dort auf Deutsch ohne vorbereites Manuskript, die Christen sollten »zu allererst dankbar sein, dass es so viel Einheit gibt«.

Der (aus Deutschland entsandte) Pfarrer Jens-Martin Kruse, der schon Benedikt XVI. zu Gast hatte, konnte 2015 also auch Franziskus in seiner Gemeinde begrüßen. Roms Lutheraner waren spürbar neugierig auf den Papst, der so ganz anders daherkam als seine Vorgänger. Die Ansprache von Pfarrer Kruse war geradezu maßgeschneidert auf Franziskus und die »Kultur der Begegnung«, die ihm so am Herzen liegt: »Wir schauen einander in die Augen. Wir reichen uns die Hände. Wir erzählen einander, wer wir sind und was uns bewegt. Wir beten füreinander. Wir hören gemeinsam auf das Evangelium und stehen zusammen vor Gott. Und erleben so: Wir sind im Glauben an den einen Herrn Jesus Christus schon vereint und gehören als Glieder an seinem Leib untrennbar zusammen. Im Kleinen zeigt sich, was im Ganzen gilt: Die Einheit ist keine ferne Zukunft.«

Der Papst stellte sich zunächst den Fragen einiger Gemeindemitglieder; eine davon zielte auf die Interkommunion, und Franziskus gab eine etwas gewundene Antwort, in der er zwar keine Verbote aufhob, aber sich doch – charakteristisch für ihn – darum bemühte, eine Perspektive aufzureißen, eine neue Tür zu öffnen. Er betonte den hohen Wert der Taufe, die Katholiken und Lutheraner eint, und stellte die Frage, ob diese Gemeinsamkeit in der Taufe nicht die noch ausstehende volle Einheit in der Lehre in gewisser Weise auszubalancieren vermag. Außerdem verwies er auf das Gebet und die Gewissensentscheidung der Ehepartner: aufsehenerregende Worte eines ökumenischen Grenzgängers auf dem Stuhl des Petrus. Dann folgte, von Bach-Klängen untermalt, ein ökumenisches Abendgebet, bei dem u.a. für die etwa 130 Todesopfer der Terroranschläge von Paris zwei Abende zuvor gebetet wurde.

Zum Schluss überreichte Franziskus der Gemeinde ein überraschendes Geschenk: einen Kelch, wie er ihn sonst bei Auslandsreisen den besuchten katholischen Bistümern schenkt. Das schelmische Lächeln des Papstes zeigte, dass er wie alle Umstehenden in diesem Moment an die Frage zur Interkommunion dachte, die ihm kurz vorher gestellt worden war. Die Geste war kühn – zumal in Kombination mit dem, was Franziskus zuvor geäußert hatte. Der Papst hatte sich in Sachen eucharistische Gastfreundschaft so weit, wie es gerade noch erlaubt war, aus dem Fenster gelehnt.

Kruse urteilte hinterher im Gespräch mit Radio Vatikan, Franziskus habe nicht nur »ein schönes Zeichen gesetzt«, sondern »vielleicht sogar aufgezeigt, dass man tatsächlich noch mehr in der Ökumene machen kann, dass der Papst ganz willig und bereit ist ... Es ist viel mehr möglich, als die Bedenkenträger immer meinen.«[18] Den Kelch nannte Pfarrer Kruse »ein wirklich spektakuläres Geschenk und eine tolle Geste. An der Stelle, wo es eben noch keine Gemeinschaft gibt, das Zeichen zu setzen, dass wir diese Gemeinschaft wollen, dass wir dieses gemeinsame Abendmahl wollen!« Sein Fazit: »Ich glaube, dass im Kleinen deutlich geworden ist, dass auch im Größeren mehr möglich ist.«

Auch wenn man die Schwierigkeiten und Hindernisse nicht überschätzen sollte: Sicher ist, dass sich unter Papst Franziskus mit Blick auf die eucharistische Gastfreundschaft etwas in Bewegung gesetzt hat. Kronzeuge dafür ist der deutsche Kurienkardinal und frühere Ökumene-Verantwortliche Walter Kasper, der ein Jahr nach dem Papstbesuch bei den römischen Lutheranern (den er aus nächster Nähe miterlebt hatte) offen von seiner Hoffnung auf ein gemeinsames Abendmahl für gemischt-konfessionelle Paare spricht. Er wünsche sich, dass die nächste gemeinsame Erklärung des Lutherischen Weltbunds und des Vatikans »den Weg für eine gemeinsame Eucharistie in besonderen Situationen öffnet, vor allem mit Blick auf gemischt-konfessionelle Ehen und Familien«[19].

---

18 Newsletter von Radio Vatikan, 16.11.15.
19 Interview mit der italienischen katholischen Tageszeitung »Avvenire«, 10.12.16.

»Sprecht mit dem Herrn und geht voran« – Eine Frage an den Papst

Frage: Ich heiße Anke de Bernardinis, und wie viele Menschen unserer Gemeinde bin ich mit einem Italiener verheiratet, einem römisch-katholischen Christen. Seit vielen Jahren leben wir glücklich miteinander und teilen Freud und Leid. Daher schmerzt es uns sehr, dass wir im Glauben getrennt sind und am Abendmahl des Herrn nicht gemeinsam teilnehmen können. Was können wir tun, um endlich die Gemeinschaft in diesem Punkt zu erlangen?

Antwort: Danke, Frau de Bernardinis. Auf die Frage über das gemeinsame Abendmahl des Herrn zu antworten, ist nicht einfach für mich, vor allem vor einem Theologen wie Kardinal Kasper. Da »fürchte« ich mich! Ich denke: Der Herr hat uns gesagt, als er diesen Auftrag gab: »Tut dies zu meinem Gedächtnis.« Und wenn wir das Abendmahl des Herrn teilen, erinnern wir daran und ahmen wir nach, tun wir das Gleiche, was Jesus der Herr getan hat. Und das Mahl des Herrn wird es geben, das Hochzeitsmahl am Ende wird es geben, aber dieses wird das letzte sein. Unterwegs hingegen, frage ich mich – und ich weiß nicht, wie antworten, aber ich mache mir Ihre Frage zu Eigen – da frage ich mich: [ist] das Abendmahl des Herrn zu teilen das Ende eines Weges oder die Stärkung auf dem Weg, um gemeinsam voranzuschreiten? Ich überlasse die Frage den Theologen, denen, die es verstehen. Es stimmt, dass in einem gewissen Sinn teilen heißt, dass keine Unterschiede zwischen uns bestehen, dass wir die gleiche Lehre haben – ich unterstreiche das Wort, ein schwer zu verstehendes Wort –, doch frage ich mich: Aber haben wir nicht die gleiche Taufe? Und wenn wir die gleiche Taufe haben, müssen wir gemeinsam gehen. Sie sind ein Zeugnis eines auch tiefgründigen Weges, da es ein ehelicher Weg ist, ein Weg eben von Familie, menschlicher Liebe und geteiltem Glauben. Wir haben die gleiche Taufe. Wenn Sie sich als Sünderin fühlen – auch ich fühle mich sehr als Sünder –, wenn Ihr Gatte sich als Sünder fühlt, dann gehen Sie vor den Herrn und bitten um Vergebung; Ihr Gatte tut das Gleiche und geht zum Priester und bittet um die Lossprechung. Es sind Heilmittel, um die Taufe lebendig zu erhalten. Wenn Sie gemeinsam beten, dann wächst diese Taufe, wird sie stärker. Wenn Sie Ihre Kinder lehren, wer Jesus ist, warum Jesus gekommen ist, was Jesus uns getan hat, so tun Sie das Gleiche, mit lutherischer wie auch mit katholischer Sprache, doch ist es das Gleiche. Die Frage: »Und das Abendmahl?« Es gibt Fragen, auf die man – nur wenn man ehrlich zu sich selbst ist und mit den wenigen theologischen »Lichtern«, die ich habe – ebenso antworten muss, Sie sehen es. »Das ist mein Leib, das ist mein Blut«, hat der Herr gesagt, »tut dies zu meinem Gedächtnis.« Und das ist eine Stärkung auf dem Weg, die uns voranzuschreiten hilft. Ich pflegte eine große Freundschaft mit einem Bischof der Episkopalkirche, 48 Jahre alt, verheiratet, zwei Kinder, der diese große Unruhe hatte: die Frau katholisch, die Kinder katholisch, er Bischof. Sonntags begleitete er seine Frau und seine Kinder zur Messe, und dann ging er den Gottesdienst in seiner Gemeinde feiern. Es war ein Schritt der Teilnahme am Abendmahl des Herrn. Dann ging er weiter, der Herr hat ihn gerufen, einen gerechten Mann. Auf Ihre Frage antworte ich nur mit einer Frage: Wie kann ich es mit meinem Mann machen, damit das Abendmahl des Herrn mich auf meinem Weg begleitet? Es ist ein Problem, auf das jeder antworten muss. Ein befreundeter Pastor sagte mir jedoch: »Wir glauben, dass hier der Herr gegenwärtig ist«. »Er ist gegenwärtig. Ihr glaubt, dass der Herr gegenwärtig ist. Was ist der Unterschied?« – »Nun, es sind die

Erklärungen, die Deutungen ...« Das Leben ist größer als Erklärungen und Deutungen. Nehmt immer auf die Taufe Bezug: »Ein Glaube, eine Taufe, ein Herr«, sagt uns Paulus, und von daher zieht die Schlussfolgerungen. Ich werde nie wagen, Erlaubnis zu geben, dies zu tun, denn es ist nicht meine Kompetenz. Eine Taufe, ein Herr, ein Glaube. Sprecht mit dem Herrn und geht voran. Ich wage nicht mehr zu sagen.

ANTWORT AUF EINE FRAGE IN DER
LUTHERISCHEN GEMEINDE VON ROM, 15.11.15

Wir müssen um Verzeihung bitten für den Skandal der Teilung

Jesus hat während seines Lebens so oft eine Wahl getroffen. Das, was wir heute gehört haben, wird die letzte dieser Entscheidungen sein. Jesus hat viele Male eine Wahl getroffen: Die ersten Jünger hat er ausgewählt; die Kranken, die er heilte; die Menschenmenge, die ihm folgte ... – sie folgte ihm, um ihn zu hören, weil er wie einer sprach, der Vollmacht hat, nicht wie ihre Schriftgelehrten, die sich aufplusterten. Wir können ja nachlesen, wer diese Leute waren: zwei Kapitel zuvor, im 23. Kapitel des Matthäusevangeliums. Nein – an ihm sahen sie, dass er echt war; und das Volk folgte ihm. Jesus traf seine Auswahl stets mit Liebe, ebenso, wie er das bei seinen Zurechtweisungen tat. Wenn die Jünger in ihren Methoden einen Fehler gemacht hatten: »Sollen wir Feuer vom Himmel fallen lassen?« – »Ihr wisst nicht, was für ein Geist aus euch spricht« (vgl. Lk 9,54f.). Oder als die Mutter von Jakobus und Johannes zum Herrn ging, um ihn zu fragen: »Herr, ich will dich um den Gefallen bitten, dass meine beiden Söhne in deinem Reich rechts und links neben dir sitzen dürfen ...« (vgl. Mt 20,21). Jesus korrigierte diese Dinge: Immer leitete er, begleitete er. Aber auch nach der Auferstehung rührt es das Herz, Jesus zu erleben, wie er die richtigen Momente wählt, die Menschen auswählt und sie nicht erschreckt. Denken wir an die Wanderung nach Emmaus, wie er [die beiden Jünger] begleitete. Sie sollten nach Jerusalem gehen, aber sie sind vor Angst aus Jerusalem geflohen. Und er geht mit ihnen, er begleitet sie. Und dann gibt er sich zu erkennen und gewinnt sie zurück. Das ist eine Wahl Jesu. Und dann die große Wahl, die mich immer bewegt, als er das Hochzeitsmahl des Sohnes vorbereitet und sagt: »Geht schnell an die Straßenkreuzungen und holt die Blinden, die Tauben und die Lahmen herbei ...« (vgl. Mt 22,9; Lk 14,21). Die Guten und die Bösen! Jesus trifft immer eine Wahl. Und dann die Wahl des verlorenen Schafs. Er macht keine Finanzkalkulation: »Davon habe ich 99, ich habe einen Verlust von einem ...«. Nein. Doch seine letzte Auswahl wird jene endgültige sein. Und welche Fragen wird er an jenem Tag stellen? »Bist du zur Messe gekommen? Hast du eine gute Katechese gemacht?«. Nein, die Fragen werden von den Armen handeln; denn die Armut steht im Zentrum des Evangeliums. Er, der reich war, ist arm geworden, um uns mit seiner Armut reich zu machen. Er hielt nicht daran fest, wie Gott zu sein, sondern er entäußerte sich. Er erniedrigte sich und war gehorsam bis zum Tod, bis zum Tod am Kreuz (vgl. Phil 2,6–8). Es ist die Wahl des Dienstes. Jesus ist Gott? Das ist wahr. Er ist der Herr. Das ist wahr. Aber er ist der Diener, diese Wahl trifft er. Und du? Hast du dein Leben für dich selbst benutzt oder, um zu dienen? Um dich vor den anderen durch Mauern zu verteidigen oder um sie mit Liebe anzunehmen? Das wird die letzte Entscheidung Jesu sein. Diese Seite des

Evangeliums sagt uns so viel über den Herrn! Nun kann ich mir die Frage stellen: Wir, Lutheraner und Katholiken, auf welcher Seite werden wir stehen, rechts oder links? Es gab schlimme Zeiten zwischen uns ... Denkt an die Verfolgungen ... unter uns! Mit der gleichen Taufe! Denkt an die vielen Menschen, die bei lebendigem Leib verbrannt wurden. Wir müssen einander um Verzeihung bitten für diesen Skandal der Teilung, weil wir alle, Lutheraner und Katholiken, unter diese Wahl fallen – nicht unter andere – diese Wahl des Dienstes, wie er es uns vorgelebt hat: als Diener, als Knecht des Herrn.

Mir gefällt es – und hiermit will ich schließen –, wenn ich den Herrn als Diener, der dient, betrachte, dann gefällt es mir, ihn zu bitten, dass er der Diener der Einheit sei, der uns helfe, gemeinsam voranzuschreiten. Heute haben wir gemeinsam gebetet. Gemeinsam beten, gemeinsam für die Armen und für die Bedürftigen arbeiten; sich gegenseitig lieben, mit der wahren Liebe von Geschwistern. »Aber, Pater, wir sind doch verschieden, weil unsere Dogmatikbücher eine Sache sagen und eure eine andere«. Ein großes Mitglied von euch hat einmal davon gesprochen, dass es Zeit sei für die versöhnte Verschiedenheit. Bitten wir heute um diese Gnade, die Gnade dieser versöhnten Verschiedenheit im Herrn, also im Knecht Jahwes, jenes Gottes, der zu uns gekommen ist, nicht um sich dienen zu lassen, sondern um zu dienen (vgl. Mk 10,42).

Ich danke euch sehr für diese brüderliche Gastfreundschaft. Danke.

FREI GEHALTENE PREDIGT IN DER
LUTHERISCHEN GEMEINDE VON ROM, 15.11.15

Für eine Neubewertung Luthers und der Reformation

Liebe Schwestern und Brüder im Herrn,

die heutige Begegnung erlaubt uns, gemeinsam eine Zeit des geschwisterlichen Gebetes zu verbringen, und sie gibt uns auch die Gelegenheit, über unsere Beziehungen und über die Situation der Ökumene im Allgemeinen nachzudenken. Vor allem dürfen wir dem Herrn für die zahlreichen Schritte danken, die wir auf die Einheit hin gemacht haben, auch wenn uns bewusst ist, dass der vor uns liegende Weg noch lang ist.

Die ökumenische Bewegung ist heute ein grundlegendes Element im Leben unserer Gemeinschaften geworden. Viele Menschen verschiedener Generationen haben sich die Fortschritte auf dem Gebiet der Ökumene zum Ziel gesetzt, für das es sich beständig einzusetzen lohnt. Viele Männer und Frauen sind zur Zusammenarbeit bereit, um gemeinsam die Trennungen zu überwinden, die immer noch zwischen uns Christen bestehen. Auf lokaler, regionaler und globaler Ebene erlebt man eine sehr lebendige Ökumene. Auch außerhalb unserer Gemeinschaften suchen die Menschen von heute einen auf authentische Weise gelebten Glauben. Und diese Suche ist auch das Hauptmotiv für den ökumenischen Fortschritt.

Wenn die Ökumene eine Zukunft haben will, dann muss sie von den Sorgen und Problemen der Menschen heute ausgehen. An erster Stelle geht es darum, uns gegenseitig als Gemeinschaften von Gläubigen anzuerkennen, die das Reich Gottes und seine Gerechtigkeit suchen, und dies in der Gewissheit, dass uns dann das Übrige dazugegeben wird (vgl. Mt 6,33). Auf diesem gemeinsamen Weg können wir uns gegenseitig kennen lernen, uns unterstützen, ermutigen und die Geschenke eines gelebten Glaubens als Reichtum und Kraftquelle erfahren.

Das Evangelium, das wir gehört haben, hat uns noch einmal das Gleichnis vom Jüngsten Gericht vorgelegt (vgl. Mt 25,31–46). Das erinnert uns daran, dass wir beurteilt werden – beziehungsweise es schon sind – aufgrund unserer konkreten Nähe zu unserem Bruder in seiner realen Situation und in seiner Verfassung. Das setzt eine Fähigkeit zur Aufmerksamkeit, zum Mitleid, zum Teilen und zum Dienen voraus.

Es ist eine Weise, Kirche zu sein, wie es das Zweite Vatikanische Konzil in den Anfangsworten der Pastoralkonstitution »Gaudium et spes«ausdrückt: »Freude und Hoffnung, Trauer und Angst der Menschen von heute, besonders der Armen und Bedrängten aller Art, sind auch Freude und Hoffnung, Trauer und Angst der Jünger Christi« (Nr. 1). Das ist auch ökumenische Berufung und Auftrag von Katholiken und Lutheranern und aller anderer Christen: ein gemeinsamer Einsatz im Dienst der Nächstenliebe, vor allem für die Kleinsten und die Ärmsten, der unsere Zugehörigkeit zu Christus glaubwürdig macht. Andernfalls wird diese Zugehörigkeit von den Teilungen und den Konflikten zwischen den Kirchen und zwischen den Gläubigen gefährdet. Wir können gemeinsam die Freude und die Mühe der *diakonia* der Nächstenliebe in einer intensiveren ökumenischen Zusammenarbeit übernehmen. Wir können das für die Kinder und die am meisten benachteiligten alten Menschen tun, für die Flüchtlinge, für alle, die Fürsorge und Halt brauchen.

Ein weiterer sehr wichtiger Aspekt für unseren Weg der Einheit ist die Wiederentdeckung des gesamten Reichtums des gemeinsamen Gebetes, der liturgischen Texte und der verschiedenen Formen des Gottesdienstes. Die ökumenischen Wortgottesdienste, wie zum Beispiel die ökumenische Feier des Stundengebetes. Zur geistlichen Ökumene gehört in besonderer Weise auch das gemeinsame Lesen der Bibel. Ich erinnere ausdrücklich an die Gebetswoche für die Einheit der Christen, den ökumenischen Weltgebetstag für die Bewahrung der Schöpfung jeweils am 1. September jeden Jahres und an andere Momente, die eure Gemeinde schon eifrig mit verschiedenen ökumenischen Partnern organisiert.

Darüber hinaus sind wir im Licht der einen Taufe – Lutheraner wie Katholiken – dazu gerufen, den theologischen Dialog fortzusetzen. Nach 50 Jahren ökumenischen Dialogs zeigen uns die erreichten Bemühungen, dass all das, was uns verbindet, schon viel mehr ist als das, was uns noch trennt. Wir sind ständig auf der Suche nach einer tieferen Kenntnis der göttlichen Wahrheit. Die Erfahrung der letzten Jahrzehnte zeigt uns, dass wir in unseren Anstrengungen durchhalten müssen, um gemeinsam neue Aspekte der göttlichen Offenbarung zu entdecken und für sie gemeinsam Zeugnis abzulegen, ganz nach dem Willen des Herrn. Mit dieser Zuversicht in den Dialog können wir dann besonders die Themen Kirche, Eucharistie und Amt angehen.

Mir scheint es auch grundlegend zu sein, dass die katholische Kirche mutig eine aufmerksame und ehrliche Neubewertung der Absichten der Reformation und der Person Martin Luthers unternimmt, und zwar vor dem Hintergrund der »Ecclesia semper reformanda«, der immer zu erneuernden Kirche, auf der großen Spur, welche das Konzil gelegt hat, wie auch so vieler Männer und Frauen, die vom Licht und der Kraft des Heiligen Geistes beseelt sind. Das jüngste Dokument der lutherisch-katholischen Kommission für die Einheit, »Vom Konflikt zur Gemeinschaft – Gemeinsames lutherisch-katholisches Reformationsgedenken im Jahr 2017« hat sich diese Reflexion auf vielversprechende Weise vorgenommen und sie umgesetzt.

So ruht die Ökumene zwischen Katholiken und Lutheranern, die eine Grundbedingung ist für ein überzeugendes Zeugnis unseres Glaubens an Christus vor allen Menschen unserer Zeit, auf diesen Säulen: dem gemeinsamen Gebet, dem diakonischen Teilen mit den Armen und dem theologischen Dialog.

Bald beginnt das Heilige Jahr der Barmherzigkeit. Ich lade Sie ein, uns auf diesem Weg zu begleiten, in ökumenischer Gemeinschaft, in Rom und in allen Kirchen und örtlichen Gemeinschaften, so dass dieses Jahr für alle ein Moment der Wiederentdeckung dieser Barmherzigkeit Gottes und der Schönheit der brüderlichen Liebe wird.

Der Herr segne euch und behüte euch in seinem Frieden.

VORBEREITETE, NICHT GEHALTENE, ABER VOM VATIKAN
VERÖFFENTLICHTE PREDIGT IN DER
LUTHERISCHEN GEMEINDE VON ROM, 15.11.15

5. Die Einheit wird nicht kommen wie ein Wunder am Ende: Gebetswochen für die Einheit der Christen

Die Einheit wird nicht kommen wie ein Wunder am Ende. Die Einheit kommt auf dem Weg. Der Heilige Geist bewirkt sie im Unterwegssein.

PREDIGT IN ST. PAUL VOR DEN MAUERN, 25.1.14

Jedes Jahr zwischen dem 18. und dem 25. Januar begehen Christen der verschiedensten Prägung gemeinsam eine Weltgebetswoche für die Einheit der Christen – jedes Mal zu einem anderen biblischen Motto. Und jedes Mal sind sowohl der Ökumenische Rat der Kirchen (ÖRK), auch Weltkirchenrat genannt, und der Päpstliche Rat zur Förderung der Einheit der Christen in die Vorbereitungen mit eingebunden.

Messiasbekenntnis und Bekehrung

Die Weltgebetswoche geht auf eine Gebetsoktav-Initiative von Anglikanern aus dem Jahr 1908 (!) zurück, und sie hat, auch wenn der Heilige Stuhl sich erst nach standesgemäßem Zögern dazu bekannte, einen stark römischen Touch. Das liegt vor allem daran, dass ihr Start- und Endpunkt von Apostelfesten markiert wird, die mit der Ewigen

Stadt zu tun haben. Am 18. Januar erinnern sich Protestanten an das Messiasbekenntnis des Petrus, während dieser Tag für Katholiken jahrhundertelang das Fest der »Kathedra Petri« war, nichts anderes als die Ursprungsfeier des Papsttums. (Erst 1960 ließ eine Reform des hl. Papstes Johannes XXIII. das Januarfest fallen und wählte stattdessen den 22. Februar als Festtag.)

Der 25. Januar wiederum ist das Fest der Bekehrung des hl. Paulus: Saulus hat auf dem Weg nach Damaskus eine Christusvision, bekehrt sich und wird zum Apologeten der jungen Urgemeinde, die er bis dato erbittert verfolgt hat – Sie kennen die Geschichte bestimmt. Da Paulus aber in Rom gestorben ist, betrachten sich die Päpste (vor allem der selige Paul VI., 1963–1978) bis heute nicht nur als Nachfolger des Petrus, sondern auch des Völkerapostels Paulus; am 25. Januar feiert der Papst traditionell die Vesper in der Basilika Sankt Paul vor den Mauern, in der der Heilige begraben liegt. Reste des antiken Grabes wurden vor ein paar Jahren übrigens wieder freigelegt, durch eine Glasscheibe vor dem Hauptaltar kann man sie sehen.

Messiasbekenntnis und Bekehrung: Das sind also die beiden Akzente, die die Gebetswoche prägen. Seit Paul-Irénée Couturier, einem französischen Abt (1881–1953), wird sie außerdem vom Gedanken der »geistlichen Ökumene« bestimmt; seit 1941 beten alle großen christlichen Kirchen in dieser Woche gemeinsam um die Einheit. Nicht nur um eine Irgendwann-später-mal-Einheit, sondern eine teilweise jetzt schon erreichte, vorweggenommene Einheit.

An einem 25. Januar – es war das Jahr 1959 – kündigte der nur ein paar Monate zuvor gewählte Papst Johannes XXIII. in der Paulusbasilika vor den wie vom Donner gerührten Kardinälen an, ein neues Konzil einzuberufen. Ökumenische Gäste waren bei dieser Gelegenheit nicht zugegen, die werden erst seit diesem Konzil, dem Zweiten Vatikanum, regelmäßig zur Papstvesper am Grab des hl. Paulus eingeladen.

Dieses Kapitel versammelt die wichtigsten Texte von Papst Franziskus aus den Einheits-Gebetswochen. Charakteristisch ist ihre biblische Prägung, die sich dem jeweiligen Motto der Woche verdankt. Für mich finden sich in diesen Texten einige der schönsten Sätze, die der argentinische Papst zum Thema Ökumene formuliert hat.

Wir haben dieselbe Taufe

Liebe Brüder und Schwestern, guten Tag!

Am vergangenen Samstag hat die Gebetswoche für die Einheit der Christen begonnen, die am kommenden Samstag, dem Fest der Bekehrung des heiligen Apostels Paulus, abgeschlossen wird. Dieser äußerst wertvollen geistlichen Initiative schließen sich die christlichen Gemeinschaften seit über 100 Jahren an. Es handelt sich um eine Zeit, die dem Gebet für die Einheit aller Getauften gewidmet ist, nach dem Willen Christi: »Alle sollen eins sein« (Joh 17,21). Jedes Jahr schlägt eine ökumenische Gruppe aus einer Region der Welt unter der Leitung des Ökumenischen Rates der Kirchen und des Päpstlichen Rates zur Förderung der Einheit der Christen das Thema vor und sorgt für die Vorbereitung der Texte für die Gebetswoche. In diesem Jahr kommen diese Texte von den Kirchen und kirchlichen Gemeinschaften Kanadas und nehmen Bezug auf die Frage, die der heilige Paulus an die Christen in Korinth richtet: »Ist denn Christus zerteilt?« (1 Kor 1,13).

Natürlich ist Christus nicht zerteilt worden. Wir müssen jedoch aufrichtig und mit Schmerz erkennen, dass unsere Gemeinschaften auch weiterhin in Spaltungen leben, die ein Ärgernis sind. Die

Spaltungen unter uns Christen sind ein Skandal. Es gibt kein anderes Wort: ein Skandal. »Jeder von euch«, schrieb der Apostel, »sagt: Ich halte zu Paulus – ich zu Apollos – ich zu Kephas – ich zu Christus« (1 Kor 1,12). Auch jene, die sich zu Christus als ihrem Haupt bekannten, werden von Paulus nicht mit Beifall bedacht, weil sie den Namen Christi benutzten, um sich innerhalb der christlichen Gemeinde von den anderen abzusetzen.

Der Name Christi schafft jedoch Gemeinschaft und Einheit, nicht Spaltung! Er ist gekommen, um Gemeinschaft unter uns zu schaffen, nicht um uns zu spalten. Die Taufe und das Kreuz sind zentrale Elemente der christlichen Jüngerschaft, die uns gemeinsam sind. Die Spaltungen dagegen schwächen die Glaubwürdigkeit und die Wirkkraft unserer Evangelisierungstätigkeit und bringen die Gefahr mit sich, das Kreuz Christi um seine Kraft zu bringen (vgl. 1 Kor 1,17).

Paulus tadelt die Korinther für ihre Streitgespräche, aber er dankt auch dem Herrn »für die Gnade Gottes, die euch in Christus Jesus geschenkt wurde, dass ihr an allem reich geworden seid in ihm, an aller Rede und aller Erkenntnis« (1 Kor 1,4–5). Diese Worte des Paulus sind nicht einfach nur eine Formsache, sondern das Zeichen, dass er vor allem – und darüber freut er sich aufrichtig – die Gaben sieht, die Gott der Gemeinde geschenkt hat. Diese Haltung des Apostels ist eine Ermutigung für uns und für jede christliche Gemeinschaft, mit Freude die Gaben Gottes zu erkennen, die in anderen Gemeinschaften vorhanden sind. Trotz des Leidens an den Spaltungen, die leider noch immer bestehen, wollen wir die Worte des Paulus als eine Einladung annehmen, uns aufrichtig zu freuen über die Gnaden, die Gott anderen Christen gewährt hat. Wir haben dieselbe Taufe, denselben Heiligen Geist, der uns die

Gnade geschenkt hat: Das wollen wir erkennen und uns darüber freuen.

Es ist schön, die Gnade zu erkennen, mit der Gott uns segnet, und darüber hinaus in anderen Christen etwas zu finden, das wir nötig haben, etwas, das wir als ein Geschenk annehmen könnten von unseren Brüdern und von unseren Schwestern. Die kanadische Gruppe, die die Texte dieser Gebetswoche vorbereitet hat, hat die Gemeinschaften nicht eingeladen, darüber nachzudenken, was sie ihren Mitchristen geben könnten, sondern sie hat sie ermahnt, einander zu begegnen, um zu verstehen, was alle von Mal zu Mal von den anderen empfangen können. Das erfordert etwas mehr. Es erfordert viel Gebet, es erfordert Demut, es erfordert Nachdenken und ständige Umkehr. Gehen wir voran auf diesem Weg, indem wir für die Einheit der Christen beten, damit dieses Ärgernis schwinde und nicht mehr zwischen uns stehe.

Generalaudienz, 22.1.14

Unsere Spaltungen verletzen den Leib Christi

»Ist denn Christus zerteilt?« (1 Kor 1,13). Dieser nachdrückliche Mahnruf, den der heilige Paulus an den Anfang seines Briefes an die Korinther stellt und der in der Liturgie dieses Abends erklungen ist, wurde von einer Gruppe christlicher Geschwister aus Kanada ausgewählt als Leitlinie für unsere Betrachtung während der diesjährigen Gebetswoche für die Einheit der Christen.

Der Apostel hat mit großem Schmerz erfahren, dass die Christen von Korinth in verschiedene Parteien gespalten sind. Da gibt es jemand, der bekräftigt: »Ich halte zu Paulus«; ein anderer sagt: »Ich hingegen zu Apollos«; ein anderer: »Ich dagegen zu Kephas«; und schließlich gibt es auch jemanden, der beteuert: »Und ich halte zu Christus« (vgl. 1 Kor 1,12). Nicht einmal diejenigen, die sich auf Christus berufen wollen, können Lob von Paulus erlangen, denn sie gebrauchen den Namen des einzigen Retters, um sich von anderen Geschwistern innerhalb der Gemeinde zu distanzieren. Mit anderen Worten, die Sondererfahrung eines jeden und die Bezugnahme auf einige bedeutende Personen der Gemeinde werden der Maßstab zur Beurteilung des Glaubens der anderen.

In dieser Situation der Unstimmigkeit ermahnt Paulus die Christen von Korinth »im Namen Jesu Christi, unseres Herrn«, in ihren Äußerungen alle einmütig zu sein, damit es keine Spaltungen unter ihnen gebe, sondern sie im Denken und Empfinden völlig einig seien (vgl. 1 Kor 1,10). Die Gemeinschaft, die der Apostel fordert, kann jedoch nicht Frucht menschlicher Strategien sein. Die vollkommene Einigkeit unter den Brüdern ist nämlich nur in Bezug auf das Denken und Empfinden Christi möglich (vgl. Phil 2,5). Während wir heute Abend hier im Gebet vereint sind, spüren wir, dass Christus, der nicht zerteilt sein kann, uns zu sich ziehen will, zu den Empfindungen seines Herzens, zu seiner vollkommenen und vertrauensvollen Hingabe in die Hände des Vaters hinein, zu seiner radikalen Entäußerung aus Liebe zur Menschheit. Nur er kann der Ursprung, der Grund und die treibende Kraft unserer Einheit sein.

Während wir uns in seiner Gegenwart befinden, wird uns noch bewusster, dass wir die Spaltungen in der Kirche nicht als ein irgendwie natürliches Phänomen betrachten können, das für jede Form gemeinschaftlichen Lebens unvermeidlich ist. Unsere Spaltungen verletzen seinen Leib, verletzen das Zeugnis, das wir ihm seinem Auftrag entsprechend in der Welt geben sollen. Das Dekret des Zweiten Vatikanischen Konzils über die Ökumene macht in Anlehnung an den Text des heiligen Paulus, den wir eben betrachtet haben, die bedeutsame Aussage: »Christus der Herr hat eine einige und einzige Kirche gegründet, und doch erheben mehrere christliche Gemeinschaften vor den Menschen den Anspruch, das wahre Erbe Jesu Christi darzustellen; sie alle bekennen sich als Jünger des Herrn, aber sie weichen in ihrem Denken voneinander ab und gehen verschiedene Wege, als ob Christus selber geteilt wäre.« Und dann fügt es hinzu: »Eine solche Spaltung widerspricht aber ganz offenbar dem Willen Christi, sie ist ein Ärgernis für die Welt und ein Schaden für die heilige Sache der Verkündigung des Evangeliums vor allen Geschöpfen« (»Unitatis redintegratio«, 1). Wir alle haben durch die Spaltungen Schaden erlitten. Wir alle wollen nicht zum Ärgernis werden. Gehen darum wir alle gemeinsam brüderlich den Weg zur Einheit, auch indem wir unterwegs Einheit stiften, jene Einheit, die vom Heiligen Geist kommt und die uns eine ganz eigene Besonderheit bringt, die nur der Heilige Geist verwirklichen kann: die versöhnte Verschiedenheit. Der Herr erwartet uns alle, er begleitet uns alle. Er ist mit uns allen auf diesem Weg der Einheit.

Liebe Freunde, Christus kann nicht zerteilt werden! Diese Gewissheit muss uns ermutigen und bestärken, mit Demut und Zuversicht auf dem Weg zur Wiederherstellung der vollen sichtbaren Einheit aller an Christus Glaubenden voranzuschreiten. Gerne denke ich in diesem Moment an das Werk des seligen Johannes XXIII. und des seligen Johannes Paul II. In beiden reifte im Laufe ihres Lebens das Bewusstsein, wie dringend die Sache der Einheit ist, und nach ihrer Wahl zum Bischof von Rom haben sie mit Entschiedenheit die ganze katholische Herde auf die Wege der ökumenischen Entwicklung geführt: Papst Johannes, indem er neue und zuvor fast undenkbare Wege eröffnete, Papst Johannes Paul, indem er den ökumenischen Dialog als allgemeinen und unumgänglichen Aspekt des Lebens jeder Teilkirche hinstellte. Ihnen geselle ich auch Papst Paul VI. hinzu, einen weiteren großen Protagonisten des Dialogs, an den wir gerade in diesen Tagen anlässlich des 50. Jahrestags seiner historischen Umarmung mit dem Patriarchen Athenagoras von Konstantinopel in Jerusalem denken.

Das Werk dieser Päpste hat dazu geführt, dass die Dimension des ökumenischen Dialogs ein wesentlicher Aspekt im Amt des Bischofs von Rom geworden ist, so dass heute der Petrusdienst ohne eine Einbeziehung dieser Öffnung für den Dialog mit allen an Christus Glaubenden nicht vollkommen erfasst wäre. Wir können auch sagen, dass es der ökumenische Weg erlaubt hat, das Verständnis des Amtes des Nachfolgers Petri zu vertiefen, und wir sollen zuversichtlich sein, dass dieser Weg auch für die Zukunft weiter in diesem Sinn seine Wirkung tut. Wir schauen dankbar auf die Schritte zurück, die der Herr uns hat vollbringen lassen. Und wir verbergen einander nicht die Schwierigkeiten, die der ökumenische Dialog heute durchläuft. So bitten wir, dass wir alle mit der Gesinnung Christi erfüllt werden, um der von ihm gewollten Einheit entgegengehen zu können. Gemeinsam unterwegs sein ist schon Einheit praktizieren!

In diesem Klima des Gebetes um die Gabe der Einheit möchte ich meine herzlichen und brüderlichen Grüße an den Vertreter des ökumenischen Patriarchs, Seine Eminenz Metropolit Gennadios, an den Vertreter in Rom des Erzbischofs von Canterbury, Seine Gnaden David Moxon, und an alle Vertreter der verschiedenen Kirchen und kirchlichen Vereinigungen richten, die hier heute Abend zusammengekommen sind. Mit diesen beiden Brüdern haben wir stellvertretend für alle am Grab des heiligen Paulus gebetet. Und wir haben uns gesagt: Beten wir, dass er uns helfe auf diesem Weg – auf diesem Weg der Einheit, der Liebe, unterwegs in Einigkeit. Die Einheit wird nicht kommen wie ein Wunder am Ende. Die Einheit kommt auf dem Weg. Der Heilige Geist bewirkt sie im Unterwegssein. Wenn wir nicht gemeinsam vorangehen, wenn wir nicht füreinander beten, wenn wir nicht gemeinsam arbeiten in so vielen Dingen, die wir in dieser Welt für das Volk Gottes tun können, wird die Einheit nicht kommen! Sie wird verwirklicht auf diesem Weg, mit jedem Schritt. Und nicht wir verwirklichen sie: Der Heilige Geist verwirklicht sie, der unseren guten Willen sieht.

Liebe Brüder und Schwestern, bitten wir Jesus, den Herrn, der uns zu lebendigen Gliedern seines Leibes gemacht hat, dass er uns in tiefer Einheit mit ihm bewahre, dass er uns helfe, unsere Konflikte, unsere Spaltungen und unsere Egoismen zu überwinden – und erinnern wir uns, dass die Einheit immer über dem Konflikt steht! – und er helfe uns, miteinander vereint zu werden durch eine einzigartige Kraft, die Kraft der Liebe, die der Heilige Geist in unsere Herzen gießt (vgl. Röm 5,5). Amen.

PREDIGT BEI DER ÖKUMENISCHEN VESPER
IN ST. PAUL VOR DEN MAUERN, 25.1.14

Einheit wird nicht das Ergebnis theoretischer Diskussionen sein

Auf dem Weg von Judäa nach Galiläa kommt Jesus durch Samarien. Er hat keine Schwierigkeiten, den Samaritanern zu begegnen, die als Häretiker, Schismatiker abgestempelt und von den Juden getrennt waren. Seine Haltung gibt uns zu verstehen, dass die Gegenüberstellung mit dem, der anders ist als wir, uns wachsen lassen kann.

Jesus ist müde von der Reise und zögert nicht, die samaritische Frau zu bitten, ihm zu trinken zu geben. Sein Durst reicht – das wissen wir – weit über den physischen Durst hinaus: Es ist auch ein Durst nach Begegnung, der Wunsch, einen Dialog mit jener Frau zu beginnen und ihr so die Möglichkeit eines Weges der inneren Umkehr zu bieten. Jesus ist geduldig, er respektiert die Person, die ihm gegenübersteht, und offenbart sich ihr schrittweise. Sein Beispiel gibt Mut, eine gelassene, unbeschwerte Gegenüberstellung mit dem anderen zu suchen. Um einander zu verstehen und in der Liebe und der Wahrheit zu wachsen, muss man innehalten, einander annehmen und einander zuhören. Auf diese Weise beginnt man bereits, Einheit zu erleben. Die Einheit wächst auf dem Weg. Sie ist nie Stillstand. Die Einheit wächst im Gehen.

Die Frau aus Sychar befragt Jesus über den wahren Ort der Anbetung Gottes. Jesus ergreift nicht Partei für den Berg oder den Tempel, sondern geht darüber hinaus. Er wendet sich dem Wesentlichen zu und reißt so jede trennende Wand nieder. Er verweist auf die wahre Anbetung: » Gott ist Geist und alle, die ihn anbeten, müssen im Geist und in der Wahrheit anbeten « (Joh 4,24). So viele von der Vergangenheit geerbte Streitigkeiten unter den Christen können überwunden werden, wenn man alles polemische oder apologetische Verhalten ablegt und gemeinsam sucht, in der Tiefe das zu erfassen, was uns eint, nämlich die Berufung, am Geheimnis der Liebe des Vaters teilzuhaben, die uns vom Sohn im Heiligen Geist offenbart worden ist. Die Einheit der Christen – davon sind wir überzeugt – wird nicht das Ergebnis raffinierter theoretischer Diskussionen sein, in denen jeder versucht, den anderen von der Stichhaltigkeit der eigenen Ansichten zu überzeugen. Der Menschensohn wird wiederkommen und uns noch beim Diskutieren finden. Wir müssen erkennen, dass wir, um zur Tiefe des Geheimnisses Gottes zu gelangen, uns gegenseitig brauchen; dass wir unter der Führung des Heiligen Geistes, der die Unterschiede miteinander in Einklang bringt und die Konflikte überwindet, der die Verschiedenheiten versöhnt, einander begegnen und uns austauschen müssen.

Schrittweise versteht die samaritische Frau, dass der, welcher sie um Wasser gebeten hatte, imstande ist, ihren Durst zu stillen. Jesus zeigt sich ihr als die Quelle, aus der das lebendige Wasser hervorsprudelt, das ihren Durst für immer stillt (vgl. Joh 4,13–14). Das menschliche Leben offenbart Bestrebungen, die ins Unendliche gehen: die Suche nach der Wahrheit, der Durst nach Liebe, Gerechtigkeit und Freiheit. Das sind Wünsche, die nur zum Teil befriedigt werden, denn von seinem innersten Wesen her bewegt der Mensch sich auf ein »Mehr« zu, auf ein Absolutes, das fähig ist, seinen Durst endgültig zu stillen. Die Antwort auf diese Bestrebungen gibt Gott in Jesus Christus in dessen Pascha-Geheimnis. Aus der durchbohrten Seite Jesu flossen Blut und Wasser heraus (vgl. Joh 19,34): Er ist die Quelle, aus der das Wasser des Heiligen Geistes entspringt, nämlich die Liebe Gottes, die am Tag unserer Taufe in unsere Herzen ausgegossen wurde (vgl. Röm 5,5). Durch den Heiligen Geist sind wir mit Christus eins geworden, Söhne im Sohn, wahre Anbeter des Vaters. Dieses Geheimnis der Liebe ist der tiefste Grund für die Einheit, die alle Christen verbindet und die viel größer ist als die im Laufe der Geschichte geschehenen Spaltungen. Darum kommen wir in dem Maß, in dem wir uns demütig unserem Herrn Jesus Christus nähern, auch einander näher.

Die Begegnung mit Jesus verwandelt die Samariterin in eine Missionarin. Da sie ein Geschenk erhalten hat, das größer und wichtiger ist, als das Wasser aus dem Brunnen, lässt die Frau ihren Wasserkrug stehen (vgl. Joh 4,28) und beeilt sich, den anderen Dorfbewohnern zu erzählen, dass sie dem Messias begegnet ist (vgl. Joh 4,29). Die Begegnung mit ihm hat ihr den Sinn des Lebens und die Lebensfreude zurückgegeben, und sie verspürt den Wunsch, das mitzuteilen. Heute gibt es eine Unzahl müder und durstiger Männer und Frauen, die uns Christen bitten, ihnen zu trinken zu geben. Es ist eine Bitte, der man sich nicht entziehen darf. In der Berufung, Verkünder des Evangeliums zu sein, finden alle Kirchen und kirchlichen Gemeinschaften einen wesentlichen Bereich für eine engere Zusammenarbeit. Um diese Aufgabe wirksam erfüllen zu können, muss man vermeiden, sich in die eigenen Partikularismen und Ausschließlichkeiten zurückzuziehen, und auch, sich eine Uniformität nach rein menschlichen Plänen aufzuerlegen (vgl. Apostolisches Schreiben »Evangelii gaudium«, 131). Das gemeinsame Engagement, das Evangelium zu verkünden, erlaubt, jede Form von Proselytenmacherei und die Versuchung zum Konkurrenzkampf zu überwinden. Wir sind alle im Dienst ein und desselben Evangeliums!

Und in diesem Moment des Gebets für die Einheit möchte ich an unsere heutigen Märtyrer erinnern. Sie geben Zeugnis für Jesus Christus und werden verfolgt und getötet, weil sie Christen sind. Ihre Verfolger machen keine Unterschiede zwischen den Konfessionen, zu denen sie gehören. Sie sind Christen und deshalb werden sie verfolgt. Das ist, Brüder und Schwestern, die Ökumene des Blutes.

An dieses Zeugnis unserer heutigen Märtyrer erinnernd und in dieser frohen Gewissheit richte ich meine herzlichen und brüderlichen Grüße an Seine Eminenz, den Metropoliten Gennadios, den Vertreter des Ökumenischen Patriarchen, an Seine Gnaden David Moxon, den persönlichen Vertreter des Erzbischofs von Canterbury in Rom, und an alle Vertreter der verschiedenen Kirchen und kirchlichen Gemeinschaften, die hier am Fest der Bekehrung des heiligen Paulus zusammengekommen sind. Außerdem begrüße ich gerne die Mitglieder der gemischten Kommission für den theologischen Dialog zwischen der katholischen Kirche und den orthodoxen Ostkirchen, denen ich für die Vollversammlung, die in den nächsten Tagen in Rom stattfindet, eine fruchtbare Arbeit wünsche. Ich begrüße auch die Studenten des *Ecumenical Institute of Bossey* und die Jugendlichen, die ein Stipendium vom *Komitee für kulturelle Zusammenarbeit mit den orthodoxen Kirchen* erhalten haben, das beim Rat zur Förderung der Einheit der Christen wirkt.

Es sind heute auch Ordensmänner und -frauen anwesend, die verschiedenen Kirchen und kirchlichen Gemeinschaften angehören, welche in diesen Tagen an einem ökumenischen Kongress teilgenommen haben, den die Kongregation für die Institute geweihten Lebens und für die Gesellschaften apostolischen Lebens in Zusammenarbeit mit dem Päpstlichen Rat zur Förderung der Einheit der Christen anlässlich des Jahres des geweihten Lebens organisiert hat. Das Ordensleben als Prophetie der zukünftigen Welt ist berufen, in unserer Zeit ein Zeugnis zu geben für jene Gemeinschaft in Christus, die über jede Verschiedenheit hinausgeht und die aus konkreten Entscheidungen für Annahme und Dialog besteht. Folglich kann das Streben nach der Einheit der Christen nicht ein Vorrecht nur von Einzelnen oder von Ordensgemeinschaften sein, die für diese Problematik besonders sensibel sind. Die gegenseitige Kenntnis der verschiedenen Traditionen geweihten Lebens und ein fruchtbarer Erfahrungsaustausch können für die Lebendigkeit jeder Form von Ordensleben in den verschiedenen Kirchen und kirchlichen Gemeinschaften nützlich sein.

Liebe Brüder und Schwestern, wir alle dürsten nach Frieden und Brüderlichkeit. Mit Zuversicht im Herzen wollen wir daher heute von unserem himmlischen Vater durch Jesus Christus, den einzigen Priester und Mittler, und auf die Fürbitte der Jungfrau Maria, des Apostels Paulus und aller Heiligen das Geschenk der vollen Einheit aller Christen erbitten. Auf diese Weise leuchte »das heilige Geheimnis der Einheit der Kirche« (Zweites Vatikanisches Konzil, Dekret »Unitatis redintegratio« über den Ökumenismus, 2) auf – als Zeichen und Werkzeug der Versöhnung für die ganze Welt. Amen.

Predigt bei der ökumenischen Vesper
in St. Paul vor den Mauern, 25.1.15

Ökumene heißt: sich zum Herrn bekehren

»Ich bin der geringste von den Aposteln [...], weil ich die Kirche Gottes verfolgt habe. Doch durch Gottes Gnade bin ich, was ich bin, und sein gnädiges Handeln an mir ist nicht ohne Wirkung geblieben« (1 Kor 15,9–10). So fasst der Apostel Paulus die Bedeutung seiner Bekehrung zusammen. Diese Bekehrung, die nach der von blendendem Licht erfüllten Begegnung mit dem auferstandenen Jesus (vgl. 1 Kor 9,1) auf dem Weg von Jerusalem nach Damaskus erfolgte, bedeutet nicht in erster Linie moralische Veränderung, sondern sie ist eine verwandelnde Erfahrung der Gnade Christi und zugleich Berufung zu einer neuen Sendung: allen jenen Jesus zu verkünden, den er vorher verfolgt hat, indem er seine Jünger verfolgte. Denn in jenem Augenblick versteht Paulus, dass zwischen dem in Ewigkeit lebenden Christus und jenen, die ihm nachfolgen, eine wirkliche transzendente Gemeinschaft besteht: Jesus lebt in ihnen und ist in ihnen gegenwärtig, und sie leben in Ihm. Die Berufung zum Apostel ist nicht auf die menschlichen Verdienste von Paulus gegründet, der sich selbst als »gering« und »unwürdig« betrachtet, sondern auf die unendliche Güte Gottes, der ihn erwählt und ihm das Amt anvertraut hat.

Ein ähnliches Verständnis des auf dem Weg nach Damaskus Geschehenen wird vom heiligen Paulus auch im ersten Brief an Timotheus bezeugt: »Ich danke dem, der mir Kraft gegeben hat: Christus Jesus, unserem Herrn. Er hat mich für treu gehalten und in seinen Dienst genommen, obwohl ich ihn früher lästerte, verfolgte und verhöhnte. Aber ich habe Erbarmen gefunden, denn ich wusste in meinem Unglauben nicht, was ich tat. So übergroß war die Gnade unseres Herrn, die mir in Christus Jesus den Glauben und die Liebe schenkte« (1 Tim 1,12–14). Die übergroße Barmherzigkeit Gottes ist der einzige Grund, auf den die Sendung des Paulus sich stützt, und sie ist zugleich das, was der Apostel allen verkünden muss. Die Erfahrung des heiligen Paulus ähnelt derjenigen der Gemeinschaften, an die der Apostel Petrus seinen ersten Brief richtet. Der heilige Petrus wendet sich an die Mitglieder kleiner und schwacher Gemeinschaften, die von der Verfolgung bedroht sind, und bezieht die Ruhmestitel des heiligen Volkes Gottes auf sie: »ein auserwähltes Geschlecht, eine königliche Priesterschaft, ein heiliger Stamm, ein Volk, das Gottes besonderes Eigentum wurde« (1 Petr 2,9). Für jene ersten Christen wie auch für uns alle Getauften heute ist es ein Grund des Trostes und beständigen Staunens, um die Auserwählung zu wissen, Teil des göttlichen Heilsplanes zu sein, der in Jesus Christus und in der Kirche verwirklicht wird. »Warum, Herr, gerade ich?«; »Warum gerade wir?« Wir berühren hier das Geheimnis der Barmherzigkeit und der Erwählung durch Gott: Der Vater liebt alle und will alle retten, und deshalb beruft er einige, indem er sie mit seiner Gnade »ergreift«, damit durch sie seine Liebe alle Menschen erreichen kann. Die Sendung des ganzen Gottesvolkes ist es, die wunderbaren Taten des Herrn zu verkünden, an erster Stelle das Pascha-Mysterium Christi, durch das wir aus der Finsternis der Sünde und des Todes in das Licht seines neuen und ewigen Lebens hinübergegangen sind (vgl. 1 Petr 2,10).

Im Licht des Wortes Gottes, das wir gehört haben und das uns in dieser Gebetswoche für die Einheit der Christen geleitet hat, können wir wirklich sagen, dass wir alle, die wir an Christus glauben, gerufen sind, »Gottes große Taten zu verkünden« (vgl. 1 Petr 2,9). Über die Differenzen hinaus, die uns noch trennen, erkennen wir voller Freude, dass am Ursprung des christlichen Lebens immer eine Berufung steht, deren Urheber Gott selbst ist. Auf dem Weg der vollen sichtbaren Gemeinschaft unter den Christen können wir nicht nur Fortschritte machen, wenn wir uns einander annähern, sondern vor allem in dem Maße, in dem wir uns zum Herrn bekehren, der uns aus Gnade erwählt und uns beruft, seine Jünger zu sein. Und sich bekehren bedeutet zuzulassen, dass der Herr in uns lebt und wirkt. Aus diesem Grund machen die Christen der verschiedenen Kirchen wichtige Schritte in Richtung der Einheit, wenn sie gemeinsam das Wort Gottes hören und sich bemühen, es in die Praxis umzusetzen. Und nicht nur die Berufung vereint uns, sondern auch dieselbe Sendung: allen die großen Taten Gottes zu verkünden. Wie der heilige Paulus und wie die Gläubigen, an die der heilige Petrus schreibt, können wir nicht umhin, die barmherzige Liebe zu verkünden, die uns ergriffen hat und die uns verwandelt hat. Während wir auf dem Weg zur vollen Gemeinschaft untereinander sind, können wir bereits zahlreiche Formen der Zusammenarbeit entwickeln, gemeinsam vorangehen und zusammenarbeiten, um die Verbreitung des Evangeliums zu fördern. Und wenn wir gemeinsam vorangehen und zusammenarbeiten, dann merken wir, dass wir bereits im Namen des Herrn vereint sind. Die Einheit wird im Unterwegssein geschaffen.

In diesem außerordentlichen Jubiläumsjahr der Barmherzigkeit dürfen wir nicht vergessen, dass es keine wahre Suche nach der Einheit der Christen geben kann, ohne sich ganz der Barmherzigkeit des Vaters anzuvertrauen. Wir bitten vor allem um Vergebung für die Sünde unserer Spaltungen, die eine offene Wunde im Leib Christi sind. Als Bischof von Rom und Hirte der katholischen Kirche möchte ich um Barmherzigkeit und Vergebung bitten für das nicht mit dem Evangelium übereinstimmende Verhalten von Katholiken gegenüber Christen anderer Kirchen. Zugleich lade ich alle katholischen Brüder und Schwestern ein zu vergeben, wenn sie heute oder in der Vergangenheit von anderen Christen Beleidigungen erlitten haben. Wir können Geschehenes nicht auslöschen, aber wir wollen nicht zulassen, dass die Last vergangener Schuld weiter unsere Beziehungen vergiftet. Die Barmherzigkeit Gottes wird unsere Beziehungen erneuern.

In dieser Atmosphäre inständigen Gebets richte ich einen brüderlichen Gruß an Seine Eminenz Metropolit Gennadios, den Vertreter des Ökumenischen Patriarchats, und an Seine Gnaden David Moxon, den persönlichen Repräsentanten des Erzbischofs von Canterbury in Rom, sowie an alle Vertreter der verschiedenen Kirchen und kirchlichen Gemeinschaften Roms, die heute Abend hier zusammengekommen sind. Mit ihnen sind wir durch die Heilige Pforte dieser Basilika gegangen, um daran zu erinnern, dass die einzige Tür, die uns zum Heil führt, Jesus Christus ist, unser Herr, das barmherzige Antlitz des Vaters. Herzlich grüße ich auch die jungen Menschen orthodoxen oder orientalisch-orthodoxen Glaubens, die mit der Unterstützung des »Komitees für kulturelle Zusammenarbeit mit den orthodoxen Kirchen«, das dem Rat zur Förderung der Einheit der Christen angegliedert ist, hier in Rom studieren, wie auch die Studenten des *Ecumenical Institute of Bossey*, die hier in Rom einen Besuch abstatten, um ihre Kenntnis der katholischen Kirche zu vertiefen.

Liebe Brüder und Schwestern, wir wollen uns heute dem Gebet anschließen, das Jesu Christus an den Vater gerichtet hat: »Alle sollen eins sein [...], damit die Welt glaubt« (Joh 17,21). Die Einheit ist ein Geschenk der Barmherzigkeit Gottes, des Vaters. Hier vor dem Grab des heiligen Apostels und Märtyrers Paulus, das in dieser wundervollen Basilika bewahrt wird, spüren wir, dass unsere demütige Bitte von der Fürsprache der großen Schar christlicher Märtyrer aus Vergangenheit und Gegenwart unterstützt wird. Großherzig haben sie auf den Ruf des Herrn geantwortet, sie haben mit ihrem Leben ein treues Zeugnis gegeben von den großen Taten, die Gott für uns vollbracht hat, und sie erfahren bereits die volle Gemeinschaft in der Gegenwart Gottes, des Vaters. Gestützt von ihrem Beispiel – diesem Beispiel, das die Ökumene des Blutes gibt – und ermutigt von ihrer Fürsprache wollen wir unser demütiges Gebet an Gott richten.

Predigt bei der ökumenischen Vesper
in St. Paul vor den Mauern, 25.1.16

6. Eine Wunde heilen: Franziskus geht auf Freikirchen und Waldenser zu

Eine der wichtigsten Früchte, die die ökumenische Bewegung uns in diesen Jahren bereits hat ernten lassen, ist die Wiederentdeckung der Brüderlichkeit ...

BESUCH DER WALDENSERKIRCHE IN TURIN, 22.6.15

Zungenrede und iPhone

Die vielleicht bahnbrechendste ökumenische Geste von Papst Franziskus war verwackelt und rauschte kräftig. Aber Tony Palmer hatte in diesem Moment eben nur sein iPhone zur Hand. Was er an diesem 14. Januar 2014 im Vatikan-Hotel Santa Marta, in dem Franziskus wohnt, aufzeichnete, hat ein neues Kapitel im Buch der Ökumene aufgeschlagen: Der Vatikan entdeckt die Pfingstler,[20] verwackelt und mit etwas Verzögerung auf Youtube veröffentlicht.

20 »Pfingstkirchen« ist ein religionssoziologischer Oberbegriff für sehr unterschiedliche Gruppen, die vor allem in Lateinamerika stark wachsen. »Freikirchen« meint (im Gegensatz zu »Landeskirchen« oder »Volkskirchen«) u.a. Baptisten und Methodisten, mit ihnen führt der Vatikan seit Jahrzehnten Gespräche. »Evangelikal« ist eine Variante des Protestantismus, die aus Erweckungsbewegungen des 18. Jahrhunderts hervorging. Die Grenzen zwischen den genannten Gruppen sind oft fließend.

119 FRANZISKUS GEHT AUF FREIKIRCHEN UND WALDENSER ZU

Aber der Reihe nach. Noch aus seiner Zeit als Erzbischof von Buenos Aires kannte der Papst Tony Palmer, einen Grenzgänger zwischen den Konfessionen: Der Südafrikaner (er ist 2014 verstorben) gehörte einer evangelikalen Gruppe von Anglikanern an und stufte sich selbst als pfingstlerisch und charismatisch ein. Mit etwas mehr als 20 Jahren hatte Palmer im evangelikalen Bereich eine »Wiedergeburt«, eine radikale Bekehrung, erlebt; seine Frau war eine italienische Katholikin, sie lebten in Argentinien, dort arbeitete er für die katholische Kirche. Die Kinder gingen auf eine katholische Schule, aber gleichzeitig herrschte im Haus auch ein charismatischer und pfingstlicher Geist.

Dieses »Zeugnis einer ökumenischen Familie« habe den damaligen Kardinal Bergoglio beeindruckt, erzählte Palmer: »Pater Mario nahm mich beiseite, und wir begannen eine Freundschaft. Wir haben uns häufiger getroffen und gemeinsam die Bibel gelesen. Vor einem Jahr überraschte er mich eine Woche vor der Papstwahl mit der Bitte um Gebet für ihn, er müsse ins Konklave. Und dann wurde er zum Papst gewählt!«[21]

Eine Weile hörte Palmer nichts mehr von »Pater Mario«, dann bekam er kurz nach Weihnachten auf einmal einen Anruf aus dem Vatikan. »Ich dachte erst, das sei ein Scherz von einem meiner Freunde.« Franziskus erkundigte sich, wann Palmer denn das nächste Mal nach Rom reisen werde. Antwort: In zwei Wochen. Darauf Franziskus: »Kannst du mich besuchen?«

So kam es zu Palmers Treffen mit dem Papst in Santa Marta. »Ich fragte ihn, warum er angerufen habe, und er sagte: Kein Anliegen, es gibt nichts zu besprechen.« Dem Papst ging es einfach um die Begegnung. »Ökumene der Begegnung, wie sie Papst Franziskus pflegt, braucht keine Absicht, keine Tagesordnung, keine Themen, sondern

21 Zitiert nach: Radio-Vatikan-Newsletter, 2.3.14 (Palmer-Bericht).

braucht eben genau das: Begegnung«, kommentiert der Jesuit Bernd Hagenkord von Radio Vatikan. Palmer erzählte dem Papst von einer bevorstehenden, großen Konferenz von Pfingstlern und Evangelikalen in den USA, der »Christian Leadership Convention« in Texas: Da kämen die Leiter von großen und kleinen Kirchen zusammen, »all die verrückten Geschichten, Prediger mit Jets und TV-Shows«, das seien »alles große Fische«.

Er fragte, was er tun könne, und ich [gemeint ist Palmer] habe ihm gesagt, er könne doch eine Botschaft (an die Konferenz) schicken. »Okay, willst du sie aufschreiben und nächste Woche nach Texas bringen?« Und ich habe geantwortet: »Klar, soll ich das aufschreiben?« Und er schlug vor: »Warum machen wir kein Video?« Ich hatte das nicht zu hoffen gewagt, aber ich hatte mein iPhone dabei.

So entstand die erste iPhone-Botschaft eines Papstes – und zugleich die erste Grußbotschaft eines Papstes an Pfingstkirchen. Wie neuartig das war, kann man auch daran ablesen, dass es von der Botschaft bis heute keinen offiziellen Text gibt, man findet sie auch nirgendwo auf der Webseite des Vatikans. Für dieses Kapitel haben wir sie ins Deutsche übersetzt. Palmer spielte sie kurz nach seinem Treffen mit dem Papst tatsächlich auf der »Christian Leadership Convention« vor; das texanische Mega-Event wurde vom Fernsehpastor Kenneth Copeland organisiert, dem oft vorgeworfen wird, er predige ein »Evangelium der Wohlhabenden für die Wohlhabenden«.

Grußbotschaft vom »Antichrist«

Auf solchen Kongressen geht es gewöhnlich um Zungenrede, Mission, wörtliches Auslegen der Bibel und direktes Sprechen mit Gott, nicht aber um Ökumene; daran sind viele Freikirchen anscheinend nicht sonderlich interessiert. Bemerkenswert war also nicht nur, dass der Papst an ein derartiges Forum einen Gruß schickte, sondern ebenso, dass die versammelte pfingstlerische, evangelikale, freikirchliche Gemeinde dann für den katholischen Papst betete, mit Bibelworten und angeleitet von Copeland auch in Zungenrede. Hagenkord bewundert Tony Palmers Mut: »In einem Saal voller Menschen mit Krawatte und Kleid steht er im Priesterkragen und schwarzen Anzug. Und er bringt den in den Saal, der vor nicht allzu langer Zeit als der Antichrist bezeichnet wurde: den Papst. Dabei ist er noch nicht einmal katholisch!«

Die »Christian Leadership Convention« schickte eine iPhone-Botschaft zurück an den Papst. »Danke, wir segnen Sie, wir haben Ihren Segen empfangen, das war sehr wichtig für uns. Wir danken Gott für Sie. Seien sie gesegnet!«

Kardinal Walter Kasper, der frühere Präsident des Päpstlichen Rates für die Förderung der Einheit der Christen, urteilt, das Zugehen des Papstes auf Freikirchen, Pfingstler, Evangelikale sei »ein neuer und ein bisher kaum vorstellbarer Schritt nach vorn«[22]. Natürlich löse das nicht nur Freude aus, sondern bei einigen auch »verständlicherweise vorsichtige bis kritische Zurückhaltung«. Doch angesichts des explosionsartigen Wachsens der pfingstlerischen Kirchen – »man rechnet inzwischen weltweit mit etwa 600 Millionen Gläubigen« – sei diese Öffnung des Papstes von großer Bedeutung.

»Bisher gab es zwar auf örtlicher Ebene manche menschliche und christliche Kontakte; insgesamt aber war das Klima bei den Pfingstkirchen sehr oft ausgesprochen antikatholisch, auf katholischer Seite kaum weniger kritisch und verletzend. Man hat die Pfingstkirchen –

22 Kasper, wie Anm. 1, S. 81.

so der Papst selbst und er bittet dafür um Entschuldigung – als Schwärmer und gleichsam als Verrückte bezeichnet ... Für den Papst sind die pfingstlerischen Christen Brüder, die wir wiedergefunden haben ...«[23].

Franziskus besuchte als Papst evangelikale Christen in Süditalien, noch bevor er offiziell einen Fuß in die jüdische oder in die lutherische Gemeinde Roms gesetzt hatte und obwohl die Evangelikale Allianz Italiens ihn heftig kritisierte. Schon als Erzbischof von Buenos Aires war er ab dem Jahr 2000 regelmäßig zu den großen Treffen der Pfingstkirchen gegangen, um dort zu sprechen und zu beten. Ein Bild, auf dem er sich von pfingstlerischen Geistlichen segnen lässt, sorgte bei konservativen Katholiken in Argentinien für Unmut und den Vorwurf, der Erzbischof sei vom Glauben abgefallen.

Waldenser weisen Vergebungsbitte zurück

Dieses Kapitel dokumentiert das Zugehen des lateinamerikanischen Papstes auf die Christen jenseits der »klassischen« Konfessionen, die sich auf die Reformation berufen und die von Katholiken manchmal unbefangen als Sekten bezeichnet werden: Freikirchen, Pfingstler, Charismatiker, aber auch die Heilsarmee und die Waldenser. Letztere besuchte Franziskus in Turin, der Stadt, in der sie im 19. Jahrhundert erstmals offiziell in den Genuss von Religionsfreiheit gekommen sind.

Dass ein römischer Papst ihnen gegenüber eine Bitte um Vergebung aussprach, löste bei den Waldensern lebhafte Debatten aus. War solche Vergebung überhaupt möglich angesichts all der Jahrhunderte bitterer Verfolgung, der ihre Vorgänger im Glauben im Mit-

23 Ebd., S. 82.

telalter ausgesetzt gewesen waren? Eine Waldensersynode reagierte kurz nach der Visite von Franziskus »mit tiefem Respekt und nicht ohne Rührung« auf seine Vergebungsbitte, wies sie aber zunächst zurück: »Die neue Lage erlaubt es uns nicht, an die Stelle jener zu treten, die mit ihrem Blut … ihren evangelischen Glauben bezeugt haben, und für sie zu vergeben.« Immerhin bekannte sich die Synode aber zu dem »brüderlichen Dialog, den wir heute führen« – er sei »ein Geschenk der Barmherzigkeit Gottes, der Ihrer und unserer Kirche viele Male vergeben hat …«.

Ich habe Sehnsucht nach der Umarmung

Ich will weder Englisch noch Italienisch sprechen, sondern in der Sprache des Herzens. Eine einfache und authentische Sprache … Ich bin hier mit meinem Bruder Bischof Tony Palmer, wir sind seit Jahren Freunde. Er hat mir von eurem Treffen erzählt. Es freut mich, dass ich euch einen Gruß senden kann, einen freudigen und sehnsüchtigen Gruß. Freudig, weil ihr euch versammelt, weil ihr Jesus Christus, dein einzigen Herrn, loben wollt und weil ihr zum Vater beten und den Geist empfangen wollt. Das gibt mir Freude, denn es zeigt, dass Gott in der ganzen Welt arbeitet.

Sehnsüchtig ist der Gruß, weil es Trennungen unter uns gibt … Wir sind getrennt, weil unsere Sünden uns getrennt haben, die Missverständnisse, die Geschichte, eine lange Straße gemeinsamer Sünden, auf der wir alle Schuld tragen. Wir alle sind Sünder … Ich habe die Sehnsucht, dass diese Trennung aufhöre und dass die Gemeinschaft entstehe, ich habe Sehnsucht nach der Umarmung …

Ich spreche zu euch als Bruder. Ganz einfach spreche ich zu euch, in Freude und Sehnsucht, denn diese beiden treiben uns an, uns zu suchen und zu umarmen und gemeinsam Jesus Christus zu loben, den einzigen Herrn ...

Ich bitte euch: Betet für mich. Ich bete für euch, aber ich brauche auch euer Gebet. Geben wir uns geistlich die Umarmung und lassen wir zu, dass der Herr die Arbeit vollendet, die er begonnen hat. Jesus beginnt kein Wunder, ohne es auch zu beenden, wie ein italienischer Autor sagt. Ich bitte euch, mich zu segnen und ich segne euch. Bruder zu Bruder, eine Umarmung. Danke.

IPHONE-BOTSCHAFT AN PFINGSTLER, 14.1.14
ÜBERSETZUNG DES HERAUSGEBERS

An Evangelikale: Ich bitte euch um Vergebung

Guten Tag, Brüder und Schwestern!

Mein Bruder, Pastor Giovanni, hat zu Beginn über den Mittelpunkt unseres Lebens gesprochen: in der Gegenwart Jesu zu verweilen. Und dann hat er gesagt: in der Gegenwart Jesu »wandeln«. Und das war das erste Gebot, das Gott seinem Volk, unserem Vater Abraham gegeben hat: »Zieh weg, wandle in meiner Gegenwart und sei untadelig.« Und dann ging das Volk seinen Weg: manchmal in der Gegenwart des Herrn, oft nicht in der Gegenwart des Herrn. Es hat sich für die Götzen, die falschen Götter entschieden ... Aber der Herr hat Geduld. Er hat Geduld mit dem Volk, das unterwegs ist. Einen Christen, der stillsteht, verstehe ich nicht! Einen Christen, der nicht auf dem Weg ist, verstehe ich nicht! Der Christ muss gehen, muss unterwegs sein! Es gibt Christen, die gehen voran, aber nicht in der Gegenwart Jesu: Man muss für diese Brüder beten. Auch für uns, wenn wir in gewissen Augenblicken nicht in der Gegenwart Jesu wandeln, denn auch wir sind alle Sünder, alle! Wenn jemand kein Sünder ist, hebe er die Hand ... In der Gegenwart Jesu den Weg gehen.

Christen, die stillstehen: Das tut nicht gut, denn was stillsteht, was sich nicht bewegt, verdirbt, wie stehendes Wasser: Das Wasser, das zuerst verdirbt, ist das Wasser, das nicht fließt ... Es gibt Christen, die das Auf-dem-Weg-Sein mit dem »Umherschweifen« verwechseln. Sie sind keine »Wandelnden«, sondern Umherirrende und schweifen hierhin und dorthin im Leben. Sie befinden sich im Labyrinth und dort gehen sie unablässig umher ... Es fehlt ihnen die »parrhesia«, der Mut, voranzugehen; es fehlt ihnen die Hoffnung.

Die Christen ohne Hoffnung schweifen im Leben umher; sie sind nicht fähig voranzugehen. Wir sind nur dann sicher, wenn wir in der Gegenwart Jesu, des Herrn, wandeln. Er erleuchtet uns, er schenkt uns seinen Geist, um gut voranzugehen. Ich denke an Jakob, den Enkel Abrahams. Er lebte dort in aller Ruhe mit seinen Kindern. Aber an einem bestimmten Punkt kam die Hungersnot, und er sagte zu seinen Söhnen, zu seinen elf Söhnen, von denen zehn des Verrats schuldig waren, weil sie ihren Bruder verkauft hatten: »Zieht nach Ägypten, geht dorthin, um Nahrung zu kaufen, denn wir haben Geld, aber wir haben keine Nahrung. Nehmt Geld mit und kauft sie dort, wo es sie geben soll.« Und sie machten sich auf den Weg: Statt Nahrung zu finden, haben sie einen Bruder gefunden! Und das ist wunderschön!

Wenn man in der Gegenwart Gottes geht, gibt es diese Brüderlichkeit. Wenn wir dagegen stillstehen, schauen wir einander zu sehr an, geraten wir auf einen anderen Weg ... einen ganz schlechten, schlimmen! Den Weg des Geschwätzes. Und man beginnt: »Weißt du etwa nicht?« – »Nein, nein, ich weiß nichts von dir. Ich weiß von diesem und jenem ...« – »Ich halte zu Paulus – ich zu Apollos – ich zu Petrus« ... Und so beginnen sie, so hat vom ersten Augenblick an die Spaltung in der Kirche begonnen. Und es ist nicht der Heilige Geist, der die Spaltung hervorbringt! Er bringt etwas hervor, das ihr recht ähnlich ist, aber nicht die Spaltung. Es ist nicht der Herr, der die Spaltung hervorbringt! Die Spaltung bringt der Neider hervor, der König des Neids, der Vater des Neids: der Säer des Unkrauts, Satan. Er mischt sich unter die Gemeinschaften und bringt Spaltungen hervor, immer! Vom ersten Augenblick, vom ersten Augenblick des Christentums an gab es in der christlichen Gemeinde diese Versuchung.

»Ich halte zu diesem.« »Ich halte zu jenem.« »Nein! Ich bin die Kirche, du bist die Sekte ...« Und wer daraus den Gewinn zieht, ist er, der Vater der Spaltung. Nicht Jesus, der für die Einheit gebetet hat (Johannes 17). Er hat dafür gebetet! Was bringt der Heilige Geist hervor? Ich habe gesagt, dass er etwas anderes hervorbringt, von dem man vielleicht meinen könnte, es sei Spaltung, es ist aber keine. Der Heilige Geist bringt die »Vielfalt« in der Kirche hervor: Erster Brief an die Korinther, Kapitel 12. Er bringt die Vielfalt hervor! Und diese Vielfalt ist wirklich sehr reich, sehr schön. Aber außerdem bringt der Heilige Geist auch die Einheit hervor, und so ist die Kirche eine in der Vielfalt. Sie ist – um ein schönes Wort eines evangelischen Christen zu gebrauchen, das ich sehr liebe – eine vom Heiligen Geist »versöhnte Vielfalt«. Er bringt beides hervor: Er bringt die Vielfalt der Geistesgaben und außerdem die Harmonie der Geistesgaben hervor. Daher sagten die frühen Theologen der Kirche, die frühen Kirchenväter – ich spreche vom dritten oder vierten Jahrhundert: »Der Heilige Geist ist Harmonie«, denn er schafft diese harmonische Einheit in der Vielfalt.

Wir befinden uns im Zeitalter der Globalisierung. Denken wir daran, was die Globalisierung ist, und daran, was die Einheit in der Kirche wäre: vielleicht eine Kugel, wo alle Punkte gleich weit vom Mittelpunkt entfernt und alle gleich sind? Nein! Das ist Einförmigkeit. Und der Heilige Geist bringt keine Einförmigkeit hervor! Welches Bild können wir finden? Denken wir an den Polyeder: Der Polyeder ist eine Einheit, aber seine Teile sind alle verschieden; jedes hat seine Besonderheit, sein Charisma. Das ist die Einheit in der Vielfalt.

Auf diesem Weg bringen wir Christen das hervor, was wir mit dem theologischen Namen »Ökumene« bezeichnen: Wir versuchen, dafür zu sorgen, dass die Vielfalt vom Heiligen Geist immer harmonischer gestaltet und zur Einheit wird; wir versuchen, in der Gegenwart Gottes zu wandeln, um untadelig zu sein; wir versuchen, die Nahrung zu finden, die wir brauchen, um den Bruder zu finden. Das ist unser Weg, das ist unsere christliche Schönheit! Ich nehme Bezug auf das, was mein geliebter Bruder am Anfang gesagt hat. Dann hat er von etwas anderem gesprochen, von der Menschwerdung des Herrn. Der Apostel Johannes sagt deutlich: »Wer sagt, dass das Wort nicht im Fleisch gekommen ist, ist nicht von Gott! Er ist vom Bösen.« Er gehört nicht zu uns, er ist ein Feind! Denn die erste Irrlehre – gebrauchen wir das Wort unter uns – war jene, die der Apostel verurteilt: dass das Wort nicht im Fleisch gekommen sei. Nein! Die Menschwerdung des Wortes liegt allem zugrunde: Sie ist Jesus Christus! Gott und Mensch, Sohn Gottes und Menschensohn, wahrer Gott und wahrer Mensch.

Und so haben es die ersten Christen verstanden und haben viel, viel, viel kämpfen müssen, um diese Wahrheiten aufrechtzuerhalten: Der Herr ist Gott und Mensch; Jesus, der Herr, ist fleischgewordener Gott. Es ist das Geheimnis des Fleisches Christi: Man versteht die Nächstenliebe nicht, man versteht die Liebe zum Bruder nicht, wenn man das Geheimnis der Menschwerdung nicht versteht. Ich liebe den Bruder, weil auch er Christus ist, weil er wie Christus ist, weil er das Fleisch Christi ist. Ich liebe den Armen, die Witwe, den Sklaven, den Gefangenen ... Denken wir an das »Protokoll«, nach dem wir einst gerichtet werden: Matthäus 25. Ich liebe all diese Menschen, denn diese leidenden Personen sind das Fleisch Christi.

Und uns, die wir auf dem Weg der Einheit sind, tut es gut, das Fleisch Christi zu berühren. In die Randgebiete gehen, dorthin, wo es viel Not oder – besser gesagt – viele Notleidende gibt, viele Notleidende ... Auch Menschen, die Not leiden an Gott, die Hunger haben – aber nicht nach Brot, sie haben viel Brot –, sondern nach Gott! Und dorthin gehen, um diese Wahrheit zu verkünden: Jesus Christus ist der Herr, und er rettet dich. Aber stets hingehen und das Fleisch Christi berühren! Man kann kein rein intellektuelles Evangelium verkündigen: Das Evangelium ist Wahrheit, aber es ist auch Liebe, und es ist auch Schönheit! Und das ist die Freude des Evangeliums! Genau das ist die Freude des Evangeliums.

Auf diesem Weg haben wir oft dasselbe gemacht wie Josefs Brüder, wenn Eifersucht und Neid uns gespalten haben. Zuerst kamen sie so weit, den Bruder töten zu wollen – Ruben konnte ihn retten –, und dann, ihn zu verkaufen. Auch Bruder Giovanni hat über jene traurige Geschichte gesprochen. Über jene traurige Geschichte, in der das Evangelium von einigen als Wahrheit gelebt wurde und sie merkten nicht, dass hinter dieser Haltung schlimme Dinge standen: Dinge, die nicht vom Herrn kamen, eine schlimme Versuchung der Spaltung. Über jene traurige Geschichte, in der man sogar dasselbe tat wie Josefs Brüder: die Anklage, die Gesetze dieser Leute: »Es verstößt gegen die Rassenreinheit ...« Und diese Gesetze wurden von Getauften erlassen! Einige von denen, die dieses Gesetz erlassen haben, und einige von denen, die die Brüder aus den Pfingstgemeinden angeklagt haben, »Schwärmer« zu sein, gleichsam »Verrückte«, die die Rasse verderben – einige von denen waren Katholiken ... Ich bin der Hirte der Katholiken: Ich bitte euch dafür um Vergebung! Ich bitte euch um Vergebung für jene katholischen Brüder und Schwestern, die nicht verstanden haben und die vom Teufel versucht wurden und dasselbe getan haben wie Josefs Brüder. Ich bitte den Herrn, dass er uns die Gnade gewähre, dies zu erkennen und zu vergeben ... Danke!

Dann sagte Bruder Giovanni etwas, dem ich vollkommen zustimme: Die Wahrheit ist eine Begegnung, eine Begegnung zwischen Personen. Die Wahrheit kommt nicht aus dem Labor, sie kommt aus dem Leben, indem man Jesus sucht, um ihn zu finden. Aber das schönste, das größte Geheimnis ist: Wenn wir Jesus finden, merken wir, dass er uns als Erster gesucht hat, dass er uns als Erster gefunden hat, denn er kommt vor uns an! Auf Spanisch sage ich gerne, dass der Herr uns »primerea«. Das ist ein spanisches Wort: Er geht uns voraus, und er wartet immer auf uns. Er ist vor uns da. Und ich glaube, dass Jesaja oder Jeremia – ich habe da einen Zweifel – sagt, dass der Herr wie die Blüte des Mandelbaums ist: er ist der Erste, der im Frühling blüht. Und der Herr wartet auf uns! Es ist Jeremia? Ja! Er ist der Erste, der im Frühling blüht, er ist immer der Erste.

Diese Begegnung ist schön. Diese Begegnung erfüllt uns mit Freude, mit Begeisterung. Denken wir an jene Begegnung der ersten Jünger, Andreas und Johannes, als der Täufer sagte: »Seht, das

Lamm Gottes, das die Sünde der Welt hinwegnimmt.« Und sie folgen Jesus, bleiben den ganzen Nachmittag bei ihm. Als sie dann hinausgehen, als sie nach Hause zurückkehren, sagen sie: »Wir haben einen Rabbiner gehört« ... Nein! »Wir haben den Messias gefunden!« Sie waren begeistert. Einige haben sie ausgelacht ... Denken wir an jenen Satz: »Kann aus Nazaret etwas Gutes kommen?« Sie glaubten nicht. Jene aber waren ihm begegnet! Die Begegnung, die verwandelt: Aus jener Begegnung kommt alles. Das ist der Weg der christlichen Heiligkeit: jeden Tag Jesus suchen, um ihm zu begegnen, und sich jeden Tag von Jesus suchen lassen und sich von Jesus finden lassen.

Wir befinden uns auf diesem Weg der Einheit, unter Brüdern. Einige werden erstaunt sein: »Der Papst ist zu den Evangelikalen gegangen.« Er hat die Brüder besucht! Ja! Denn – und was ich jetzt sagen werde, ist die Wahrheit – sie haben mich zuerst aufgesucht, in Buenos Aires ... Und so hat diese Freundschaft begonnen, diese Nähe zwischen den Hirten von Buenos Aires, und heute hier. Ich danke euch sehr. Ich bitte euch, für mich zu beten, ich brauche es ..., damit ich wenigstens nicht ganz so schlecht bin. Danke!

<small>Bei einem privaten Besuch in der pfingstkirchlichen Versöhnungsgemeinde von Caserta/Italien, 28.7.14</small>

Wenn alle so dynamisch wären wie die Heilsarmee

Liebe Freunde,

ich heiße Sie, leitende Persönlichkeiten der Heilsarmee, deren Mission der Evangelisierung und des freiwilligen Engagements ich gut kenne, herzlich willkommen. Ihr Besuch ist einer der guten Früchte der häufigeren und ertragreichen Kontakte, die sich in den letzten Jahren zwischen der Heilsarmee und dem Päpstlichen Rat für die Förderung der Einheit der Christen entwickelt haben. Zu diesen Kontakten gehört eine Reihe von theologischen Gesprächen, bei denen es um ein besseres gegenseitiges Kennenlernen, den gegenseitigen Respekt und eine reguläre Zusammenarbeit ging ... Ich wünsche mir von Herzen, dass Katholiken und Mitglieder der Heilsarmee auch künftig ein gemeinsames Zeugnis von Christus und dem Evangelium ablegen in einer Welt, die die Erfahrung der Barmherzigkeit Gottes so nötig hat. Sie hat sie so nötig!

Katholiken und Mitglieder der Heilsarmee anerkennen zusammen mit den anderen Christen, dass die Bedürftigen einen speziellen Platz im Herzen Gottes haben – so sehr, dass der Herr Jesus Christus um unsretwillen arm geworden ist (vgl. 2 Kor 8,9). Dementsprechend begegnen sie sich häufig in denselben menschlichen Peripherien, und meine lebhafte Hoffnung ist, dass der gemeinsame Glaube an unseren Erlöser Jesus Christus, den einzigen Mittler zwischen Gott und dem Menschen (vgl. 1 Tim 2,5), immer mehr zu einer soliden Grundlage der Freundschaft und Zusammenarbeit zwischen uns werde.

Die Kirche »im Aufbruch« ist die Gemeinschaft der missionarischen Jünger, die die Initiative ergreifen, die sich einbringen, die begleiten, die Frucht bringen und feiern. »Primerear – die Initiative ergreifen«: Entschuldigt diesen Neologismus! Die evangelisierende Gemeinde spürt, dass der Herr die Initiative ergriffen hat, ihr in der Liebe zuvorgekommen ist (vgl. 1 Joh 4,10), und deshalb weiß sie voranzugehen, versteht sie, furchtlos die Initiative zu ergreifen, auf die anderen zuzugehen, die Fernen zu suchen und zu den Wegkreuzungen zu gelangen, um die Ausgeschlossenen einzuladen. Sie empfindet einen unerschöpflichen Wunsch, Barmherzigkeit anzubieten – eine Frucht der eigenen Erfahrung der unendlichen Barmherzigkeit des himmlischen Vaters und ihrer Tragweite (»Evangelii gaudium«, 24).

Ich bete darum, dass in der Welt von heute alle Jünger Christi ihren Beitrag mit derselben Überzeugung und derselben Dynamik leisten mögen, wie die Heilsarmee sie in ihrem hingebungsvollen und wertgeschätzten Dienst leistet. Die Unterschiede zwischen Katholiken und Mitgliedern der Heilsarmee in theologischen und ekklesiologischen Fragen dürfen das Zeugnis unserer gemeinsamen Liebe zu Gott und zum Nächsten nicht behindern, einer Liebe, die dazu imstande ist, energische Bemühungen im Kampf für die Würde der Menschen zu inspirieren, die an den Rändern der Gesellschaft leben ...

Liebe Freunde, ich bete zu Gott für die Arbeit, die die Heilsarmee leistet: Mögen so viele Menschen, die in Schwierigkeiten sind, weiter auf Ihr Wirken zählen können, das dem Licht Christi erlaubt, auch in den dunkelsten Ecken ihres Lebens zu leucite. Mögen Sie und Ihre Brüder und Schwestern von der Heilsarmee erfüllt sein von den Gaben des Heiligen Geistes – Weisheit, Unterscheidung, Stärke, Frieden ... –, um das Reich des Herrn in unserer leidenden Welt zu bezeugen. Und ich vertraue darauf, dass Sie für mich beten – ich habe das nötig. Danke.

An eine Delegation der Heilsarmee, 12.12.14
Übersetzung des Herausgebers

An Waldenser: Auf Gottes Initiative hin öffnen sich neue Wege

Liebe Brüder und Schwestern!

Mit großer Freude bin ich heute bei euch. Ich begrüße euch alle mit den Worten des Apostels Paulus: Euch, die ihr in Gott, dem Vater, und in Jesus Christus, dem Herrn seid: Gnade sei mit euch und Friede (vgl. 1 Thess 1,1). Insbesondere begrüße ich den Moderator der »Tavola Valdese«, Pastor Eugenio Bernardini, sowie den Pastor der Gemeinde von Turin, Paolo Ribet, denen ich aufrichtig danke für ihre freundliche Einladung an mich. Der herzliche Empfang, den ihr mir heute gewährt, lässt mich an die Begegnungen mit den Freunden der evangelischen Waldenserkirche des Río de la Plata denken, deren Spiritualität und Glauben ich wertschätzen und von denen ich viele gute Dinge lernen konnte.

Eine der wichtigsten Früchte, die die ökumenische Bewegung uns in diesen Jahren bereits hat ernten lassen, ist die Wiederentdeckung der Brüderlichkeit, die all jene vereint, die an Jesus Christus glauben und auf seinen Namen getauft sind. Dieses Band ist nicht auf rein menschliche Kriterien gegründet, sondern es basiert auf dem radikalen Teilen der Grunderfahrung des christlichen Lebens: der Begegnung mit der Liebe Gottes, die sich uns in Jesus Christus offenbart, und des verwandelnden Wirkens des Heiligen Geistes, der uns auf dem Lebensweg beisteht. Die Wiederentdeckung dieser Brüderlichkeit gestattet es uns, die tiefe Bindung zu erfassen, die uns trotz unserer Unterschiede bereits vereint. Es ist eine noch auf dem Weg befindliche Gemeinschaft – und die Einheit wird auf dem Weg hergestellt –, eine Gemeinschaft, die durch das Gebet, durch die ständige persönliche und gemeinschaftliche Umkehr und mit Hilfe der Theologen, so hoffen wir im Vertrauen auf das Wirken des

Heiligen Geistes, zur vollen und sichtbaren Gemeinschaft in der Wahrheit und in der Liebe werden möge.

Die Einheit, die Frucht des Heiligen Geistes ist, bedeutet nicht Gleichförmigkeit. Denn die Brüder sind durch denselben Ursprung vereint, aber sie sind nicht identisch. Das wird im Neuen Testament sehr deutlich, wo man merkt, dass – obgleich alle, die denselben Glauben an Jesus Christus miteinander teilten, »Brüder« genannt wurden – nicht alle christlichen Gemeinden, zu denen sie gehörten, denselben Stil und auch nicht die gleiche innere Organisation hatten. Sogar innerhalb derselben kleinen Gemeinschaft konnte man verschiedene Charismen erkennen (vgl. 1 Kor 12–14), und selbst in der Verkündigung des Evangeliums gab es Unterschiede und zuweilen Gegensätze (vgl. Apg 15,36–40). Leider ist es passiert und geschieht auch weiterhin, dass die Brüder ihre Vielfalt nicht annehmen und am Ende einander bekriegen. Wenn wir über die Geschichte unserer Beziehungen nachdenken, dann können wir nicht umhin, traurig zu sein über die im Namen des eigenen Glaubens begangenen Konflikte und Gewalttaten, und ich bitte den Herrn, dass er uns die Gnade schenken möge, uns alle als Sünder zu bekennen und einander vergeben zu können. Auf Gottes Initiative hin – er resigniert nie vor der Sünde des Menschen – öffnen sich neue Wege, um unsere Brüderlichkeit zu leben, und wir dürfen uns dem nicht entziehen. Von Seiten der katholischen Kirche bitte ich euch um Vergebung. Ich bitte euch um Vergebung für die unchristlichen, ja sogar unmenschlichen Haltungen und Verhaltensweisen, die wir euch gegenüber in der Geschichte hatten.

Im Namen des Herrn Jesus Christus, vergebt uns! Wir sind daher dem Herrn zutiefst dankbar festzustellen, dass die Beziehungen zwischen Katholiken und Waldensern heute immer mehr auf gegenseitiger Achtung und brüderlicher Liebe gründen. Nicht wenige Gelegenheiten haben zur Stärkung und Festigung dieser Beziehungen beigetragen. Ich denke, um nur einige Beispiele zu nennen – auch Pastor Bernardini hat es getan –, an die Zusammenarbeit zur Veröffentlichung einer interkonfessionellen Übersetzung der Bibel in italienischer Sprache, an die pastoralen Vereinbarungen über die Feier der Eheschließung und an die kürzlich erfolgte Abfassung eines gemeinsamen Appells gegen Gewalt an Frauen. Unter den vielen herzlichen Kontakten in verschiedenen örtlichen Umfeldern, wo das Gebet und das Studium der Heiligen Schrift miteinander geteilt werden, möchte ich an den ökumenischen Gabenaustausch erinnern, der anlässlich des Osterfestes in Pinerolo zwischen der Waldenserkirche von Pinerolo und der Diözese stattfand. Die Waldenserkirche hat den Katholiken den Wein für die Feier der Ostervigil geschenkt, und die katholische Diözese hat den waldensischen Brüdern das Brot für das Heilige Abendmahl am Ostersonntag geschenkt. Es handelt sich um eine Geste zwischen den beiden Kirchen, die weit über ein einfaches Entgegenkommen hinausgeht und die gewissermaßen einen Vorgeschmack gibt auf jene Einheit des eucharistischen Mahls, nach der wir uns sehnen.

Von diesen Schritten ermutigt sind wir aufgerufen, weiter miteinander auf dem Weg zu sein. Ein Bereich, in dem sich große Möglichkeiten zur Zusammenarbeit zwischen Waldensern und Katholiken öffnen, ist die Evangelisierung. Im Bewusstsein, dass der Herr uns vorausgegangen ist und uns in der Liebe stets vorausgeht (vgl. 1 Joh 4,10), gehen wir gemeinsam den Männern und Frauen von heute entgegen, die manchmal so zerstreut und gleichgültig wirken, um ihnen das Herz des Evangeliums weiterzugeben, das heißt »die Schönheit der heilbringenden Liebe Gottes, die sich im gestorbenen und auferstandenen Jesus Christus offenbart hat« (Apostolisches Schreiben »Evangelii gaudium«, 36). Ein weiterer Bereich, in dem wir immer stärker vereint tätig sein können, ist der Dienst an der leidenden Menschheit, an den Armen, an den Kranken, an den Migranten.

Ich danke Ihnen für das, was Sie über die Migranten gesagt haben. Dem befreienden Wirken der Gnade in einem jeden von uns entspringt die Notwendigkeit, das barmherzige Antlitz Gottes zu bezeugen, der sich aller Menschen und besonders der Notleidenden annimmt. Die Option für die Armen, die Letzten, die von der Gesellschaft Ausgeschlossenen bringt uns dem Herzen Gottes näher, der arm wurde, um uns durch seine Armut reich zu machen (vgl. 2 Kor 8,9), und er bringt uns folglich auch einander näher. Die Differenzen über wichtige anthropologische und ethische Fragen, die zwischen Katholiken und Waldensern auch weiterhin bestehen, hindern uns nicht daran, Formen der Zusammenarbeit in diesen und anderen Bereichen zu finden. Wenn wir gemeinsam auf dem Weg sind, hilft uns der Herr, jene Gemeinschaft zu leben, die jedem Gegensatz vorausgeht.

Liebe Brüder und Schwestern, ich danke euch erneut für diese Begegnung, die uns in einem neuen Miteinander bestärken möge, indem wir vor allem auf die Größe unseres gemeinsamen Glaubens und unseres Lebens in Christus und im Heiligen Geist schauen und erst dann auf die noch bestehenden Divergenzen. Ich versichere euch meines Gebetsgedenkens und bitte euch, für mich zu beten: Ich brauche es. Der Herr gewähre uns allen sein Erbarmen und seinen Frieden.

Besuch der Waldenserkirche in Turin, 22.6.15

Eine Initiative der Wiedergutmachung

Frage: Dieser Herbst war sehr reich an ökumenischen Treffen mit den traditionellen Kirchen: mit der orthodoxen Kirche, mit der anglikanischen und jetzt mit der lutherischen. Aber der Großteil der Protestanten heute in der Welt sind evangelikaler, pentekostaler Tradition … Ich habe gehört, dass nächstes Jahr am Vorabend von Pfingsten eine Veranstaltung im Circus Maximus stattfinden wird, um den 50. Jahrestag der Charismatischen Erneuerung zu feiern. Sie haben viele Initiativen – vielleicht zum ersten Mal für einen Papst – im Jahr 2014 mit den Führungskräften der Evangelikalen unternommen. Was ist aus diesen Initiativen geworden und was erhoffen Sie sich von der Versammlung, vom Treffen im kommenden Jahr? Vielen Dank.

Antwort: Mit diesen Initiativen … ich würde sagen, ich habe zwei Arten von Initiativen unternommen. Eine, als ich in Caserta die Pfingstgemeinde besucht habe, und auf derselben Linie die zweite, als ich in Turin die Waldenserkirche besucht habe. Es war eine Initiative der Wiedergutmachung und der Bitte um Vergebung, denn die Katholiken … ein Teil, ein Teil der katholischen Kirche hat sich nicht echt christlich ihnen gegenüber verhalten. Und da galt es, um Vergebung zu bitten und eine Wunde zu heilen.

Die andere Initiative bezog sich auf den Dialog, und dies schon seit Buenos Aires. In Buenos Aires haben wir zum Beispiel drei Treffen im Luna Park, in dem 7.000 Personen Platz finden, abgehalten. Drei Treffen von evangelischen und katholischen Gläubigen von der Richtung der charismatischen Erneuerung, aber auch offen für alle. Die Treffen dauerten den ganzen Tag: Ein Pastor, ein evangelischer Bischof hielt eine Predigt und ein katholischer Priester oder ein katholischer Bischof; oder zwei und zwei wechselten sich ab. Bei zweien dieser Treffen – wenn nicht bei allen drei, sicher aber bei zwei – hat P. Rainiero Cantalamessa, der Prediger des Päpstlichen Hauses, gepredigt.

Ich denke, dies kommt schon von den vorangegangenen Pontifikaten her und als ich in Buenos Aires war, und es hat uns gut getan. Wir haben auch geistliche Einkehrtage abgehalten, drei Tage mit Pastoren und Priestern gemeinsam, wo auch von Pastoren und einem Priester oder einem Bischof gepredigt wurde. Und dies hat viel zum Dialog beigetragen, zum Verständnis, zur Annährung, zur Arbeit …, besonders zur Arbeit mit den Bedürftigsten. Gemeinsam. Und es hat zum gegenseitigen Respekt beigetragen, zur großen Achtung füreinander. Dies hinsichtlich der schon in Buenos Aires unternommenen Initiativen. … Hier in Rom hatte ich verschiedene Begegnungen mit Pastoren, schon zwei oder drei. Einige kamen aus den USA und von hier, aus Europa.

Was Sie dann noch erwähnt haben, ist die Feier, die vom ICCRS [*International Catholic Charismatic Renewal Services*] organisiert wird. Es ist die 50-Jahr-Feier der Charismatischen Erneuerung, die ökumenisch entstanden ist, und daher wird es eine ökumenische Feier in diesem Sinn sein, und sie wird im Circus Maximus stattfinden. Ich habe vor – wenn Gott es mich erleben lässt – dort hinzugehen und zu sprechen. Mir scheint, das Treffen dauert zwei Tage, aber es ist noch nicht organisiert. Ich weiß, dass es am Vorabend von Pfingsten abgehalten wird, und ich werde zu irgendeinem Zeitpunkt sprechen. Apropos »Charismatische Erneuerung« und »Pentekostale«: Das Wort »pentekostal«, die Bezeichnung »pentekostal«, ist heute mehrdeutig. Es bezieht sich nämlich auf viele Sachen, auf viele Vereinigungen, viele kirchliche Gemeinschaften, die nicht gleich sind, sogar gegensätzlich. Man muss daher genauer sein.

D.h. die Bezeichnung ist so allgemein geworden, dass sie zu einem vieldeutigen Begriff wurde. In Brasilien ist das typisch, wo sie sich ziemlich verbreitet hat.

Die Charismatische Erneuerung entsteht … – und einer der ersten Gegner, die es in Argentinien gab, spricht gerade mit Ihnen; ich war damals nämlich Provinzial der Jesuiten, als sie in Argentinien angefangen hat, und ich habe den Jesuiten verboten, da mitzumachen. Und ich habe öffentlich gesagt, dass man, wenn man Liturgie feiert, etwas Liturgisches tut und nicht eine »Sambaschule« hält. Das habe ich gesagt. Doch heute denke ich anders, wenn die Sachen gut gemacht sind.

Mehr noch, jedes Jahr feierten wir in Buenos Aires in der Kathedrale einmal im Jahr eine Messe der Charismatischen Erneuerungsbewegung, zu der alle kamen. Auch ich habe also einen Prozess durchgemacht, das Gute anzuerkennen, das die Charismatische Erneuerung der Kirche geschenkt hat. Und man darf hier nicht die große Gestalt eines Kardinals Suenens vergessen, der diese prophetische und ökumenische Vision hatte.

Antworten auf Journalistenfragen auf dem Rückflug
von Malmö/Schweden nach Rom, 1.11.16

7. Wir haben den Bruder aus den Augen verloren: Der Papst und die Anglikaner

Denken wir an das, was in Edinburgh am Beginn der ökumenischen Bewegung geschah: Gerade das Feuer der Mission erlaubte es, mit der Überwindung der Abgrenzungen und der Beseitigung der Einzäunungen zu beginnen, die uns isoliert haben und einen gemeinsamen Weg undenkbar erscheinen ließen.

ANSPRACHE BEI EINER VESPER
MIT DEM ANGLIKANISCHEN PRIMAS,
ERZBISCHOF JUSTIN WELBY, IN ROM, 5.10.16

Auch sie ist ein Kind der Reformation, obwohl sie im deutschen Sprachraum keine größere Rolle spielt: die anglikanische Kirche. Und darum erlauben wir uns in diesem Buch auch einen Seitenblick auf ihre Beziehungen zum Papst und zum Vatikan.

In den 30-er Jahren des 16. Jahrhunderts sorgte der englische König Heinrich VIII. wegen eines Streits mit dem Papst für den Bruch mit Rom; er selbst erklärte sich 1534 zum Oberhaupt einer anglikanischen Staatskirche. Auch die Britischen Inseln erlebten daraufhin blutige Religionskonflikte, in Shakespeares Werken spiegelt sich einiges davon wieder – und doch sind die Anglikaner in vielen Punkten (z.B. Liturgie und Amtsverständnis) der katholischen Kirche näher geblieben als die anderen Kirchen, die sich aus der Reformation entwickelt haben.

Nach dem Zweiten Vatikanischen Konzil begann der Vatikan 1966 einen offiziellen Dialog mit der anglikanischen Kirche. Eine Begegnung des seligen Papstes Paul VI. mit dem anglikanischen Primas von Canterbury, Michael Ramsey, gab dafür den Startschuss. Tatsächlich gelangen den Gesprächspartnern in 50 Jahren überraschende Fortschritte. Doch vor allem mit ihrer Entscheidung, Frauen zu Priestern und zu Bischöfen zu weihen, und mit ihrer Öffnung zu Homosexuellen hat sich die anglikanische Kirche in den letzten Jahren auch stark von der katholischen Kirche entfernt – und alle Hoffnungen auf eine baldige Einheit der beiden Weltkirchen fürs Erste zunichte gemacht.

Die liberalen Öffnungen haben die anglikanische Gemeinschaft außerdem einer schweren inneren Zerreißprobe ausgesetzt. Progressive Anglikaner aus dem Westen stehen im Gegensatz zu ihren konservativen und zahlenmäßig weitaus stärkeren Glaubensgeschwistern des »Global South«, der 24 von insgesamt 38 Provinzen der anglikanischen Weltkirche vertritt. Dieser interne Zwist lähmt die anglikanische Weltkirche auch nach außen, er ist ein Stolperstein für die Ökumene zu Rom. Papst Benedikt XVI. richtete innerhalb der katholischen Kirche Strukturen für Anglikaner ein, die angesichts des neuen Kurses ihrer Kirche zur katholischen Gemeinschaft wechseln, dabei aber ihre Traditionen beibehalten wollten. Es versteht sich von selbst, dass nicht alle Anglikaner diese Bereitschaft des Vatikans, die in Richtung einer »Rückkehr-Ökumene« ging, goutierten.

»Konzentrieren wir uns neu auf die Mitte unseres Glaubens«

Der aktuelle Primas von Canterbury, Erzbischof Justin Welby, gelangte fast gleichzeitig mit der Wahl von Papst Franziskus in sein Leitungsamt. Die beiden Kirchenführer schätzen sich; beiden ist das Drängen gemeinsam, dass die Christen sich nicht einigeln, sondern »rausgehen« und sich ungeachtet der Konfessionsgrenzen gemeinsam ans Werk machen sollen. Franziskus wie Welby sind unkonventionell. Sie geben ihr Bestes, damit die Beziehungen zwischen ihren Kirchen nicht stagnieren, sondern neuen Schwung bekommen.

Im Oktober 2016 feierten der Papst und Welby in der römischen Kirche San Gregorio auf dem Celio-Hügel, von der im 6. Jahrhundert die Missionierung Englands ausgegangen ist, eine Vesper, an der 36 katholische und anglikanische Bischöfe aus 19 Ländern teilnahmen. Zu den Klängen des Kathedralchors von Canterbury und des Chores der Sixtinischen Kapelle des Vatikans beschworen sie das Gemeinsame der Konfessionen und warben für einen neuen missionarischen Geist. Papst und Primas erteilten den Mitgliedern ihrer gemischt-konfessionellen Kommission für Einheit und Mission feierlich das Mandat, sich bei allen Vorhaben um die größtmögliche Zusammenarbeit mit Vertretern der jeweils anderen Kirche zu bemühen.

Franziskus' Predigt bei dieser Gebetsvesper ist interessant, weil er sich in ihr ausdrücklich auf die Konferenz von Edinburgh bezieht, mit der 1910 die ökumenische Bewegung startete. Beachtlich ist auch sein Plädoyer für eine »mutige und reale Ökumene«, die sich eben auf die Suche nach »neuen Wegen« machen soll, wenn die üblichen Wege verbaut sind. An diesem Text kann man studieren, wie der Papst versucht, die Starre zu lösen und in die katholisch-anglikanischen Beziehungen wieder eine Vorwärtsbewegung zu bringen. »Wir haben die

Freude, die Herzmitte des Glaubens gemeinsam anzuerkennen und zu feiern. Konzentrieren wir uns neu darauf, ohne uns von dem ablenken zu lassen, was uns wegführen will von der ursprünglichen Frische des Evangeliums«.

Trotz aller Schwierigkeiten die Richtung beibehalten

Euer Gnaden, liebe Freunde!

Bei diesem erfreulichen Anlass unserer ersten Begegnung mache ich mir die Worte Papst Pauls VI. zu Eigen, die er im Jahr 1966 beim historischem Besuch von Erzbischof Michael Ramsey an diesen richtete:»Ihre Schritte haben Sie nicht in ein fremdes Haus geführt, ... wir freuen uns, Ihnen die Türen zu öffnen, und mit den Türen auch unser Herz. Wir freuen uns und es ist uns eine Ehre, ... Sie willkommen zu heißen, ›nicht als einen Gast oder Fremden, sondern als einen Mitbürger der Heiligen und Hausgenossen Gottes‹« (vgl. Eph 2,19–20).

Ich weiß, dass Euer Gnaden bei ihrer Inthronisierung in der Kathedrale von Canterbury im Gebet des neuen Bischofs von Rom gedacht haben. Ich bin Ihnen dafür zutiefst dankbar, und ich denke, dass wir beide, da wir unsere jeweiligen Ämter in einem Abstand von nur wenigen Tagen angetreten haben, immer einen besonderen Grund haben werden, uns gegenseitig durch unser Gebet zu unterstützen.

Die Geschichte der Beziehungen zwischen der Kirche von England und der katholischen Kirche ist lang und verwickelt, und sie ist nicht frei von schmerzlichen Augenblicken. Die vergangenen Jahrzehnte hingegen haben sich ausgezeichnet durch einen Weg der Annäherung und der Brüderlichkeit, und dafür danken wir Gott von Herzen. Diese Reise wurde sowohl im theologischen Dialog durch die Arbeit der *Internationalen Anglikanisch-Römisch-Katholischen Kommission* verwirklicht, als auch durch die Anknüpfung freundschaftlicher Beziehungen auf allen Ebenen durch ein tägliches Zusammenleben im Geist tiefer gegenseitiger Achtung und aufrichtiger Zusammenarbeit. In dieser Hinsicht freue ich mich sehr, mit Ihnen zusammen auch Erzbischof Vincent Nichols von Westminster begrüßen zu dürfen. Diese starken Bande der Freundschaft haben es uns ermöglicht, die Richtung beizubehalten, selbst wenn sich in unseren theologischen Dialogen Schwierigkeiten ergeben haben, die größer waren, als es zu Beginn des Weges den Anschein gehabt hatte.

Ich bin auch für die aufrichtigen Bemühungen dankbar, welche die Kirche von England unternommen hat, um die Gründe zu verstehen, die meinen Vorgänger, Papst Benedikt XVI., bewogen haben, eine kanonische Struktur zu schaffen, die dazu in der Lage war, auf die Wünsche jener Gruppen von Anglikanern zu antworten, die darum baten, auch kollektiv in die katholische Kirche aufgenommen zu werden: Ich bin überzeugt, dass so in der katholischen Welt eine bessere Kenntnis und Wertschätzung der spirituellen, liturgischen und pastoralen Traditionen, die Teil des Anglikanischen Erbes sind, möglich wird.

Die heutige Begegnung, lieber Bruder, bietet uns die Gelegenheit, uns daran zu erinnern, dass das Streben der Christen nach Einheit nicht durch praktische Erwägungen, sondern durch den Wunsch des Herrn Jesus Christus selbst angeregt wurde, der uns zu seinen Brüdern und Schwestern und Kindern des einen Vaters gemacht hat. Aus diesem Grund hat unser heutiges Gebet grundlegende

Bedeutung. Dieses Gebet verleiht unseren täglichen Bemühungen, auf die Einheit zuzugehen, neue Impulse, die einen konkreten Ausdruck finden in unserer Zusammenarbeit in verschiedenen Bereichen des täglichen Lebens. Von besonderer Bedeutung in diesem Kontext ist unser Zeugnis der Bezugnahme auf Gott sowie die Förderung der christlichen Werte in einer Welt, die mitunter einige Grundlagen der Gesellschaft selbst in Frage zu stellen scheint, so etwa die Ehrfurcht vor der Heiligkeit und Unantastbarkeit des menschlichen Lebens oder die Bedeutung der Institution der auf die Ehe gegründeten Familie, einen Wert, an den Sie selbst erst kürzlich zu erinnern Gelegenheit hatten.

Des Weiteren ist dann die Bemühung zu nennen, mehr soziale Gerechtigkeit zu erreichen, ein Wirtschaftssystem zu errichten, das im Dienst des Menschen steht und das Gemeinwohl fördert. Eine unserer Aufgaben als Zeugen der Liebe Christi besteht darin, dem Hilferuf der Armen unsere Stimme zu verleihen, damit sie nicht den Gesetzen einer Wirtschaft ausgeliefert bleiben, die den Menschen mitunter nur als Konsument in Betracht zu ziehen scheint.

Ich weiß, dass Euer Gnaden für all diese Fragen sehr hellhörig sind, und in Bezug auf diese Fragen sind uns viele Gedanken gemeinsam. Mir ist auch Ihr Einsatz für die Versöhnung und Konfliktlösung zwischen den Völkern bekannt. Im Hinblick darauf haben Sie gemeinsam mit Erzbischof Nichols die staatlichen Autoritäten dazu aufgefordert, eine friedliche Lösung für den syrischen Bürgerkrieg zu finden, der die Sicherheit der gesamten Bevölkerung garantieren soll, einschließlich der Minderheiten, unter die auch die alten christlichen Ortskirchen fallen. Wie Sie selbst betont haben, bringen wir Christen den Frieden und die Gnade als einen

Schatz, der der Welt angeboten wird, aber diese Gaben können nur dann Frucht tragen, wenn die Christen einträchtig zusammenleben und arbeiten.

Dies macht es leichter, zur Schaffung respektvoller Beziehungen und eines friedlichen Miteinanders mit Angehörigen anderer religiöser Traditionen oder mit Nicht-Gläubigen beizutragen. Die Einheit, nach der wir uns so sehr sehnen, ist eine Gabe, die von oben kommt und die in unserer Liebesgemeinschaft mit dem Vater, dem Sohn und dem Heiligen Geist wurzelt. Christus selbst hat versprochen: »Wo zwei oder drei in meinem Namen versammelt sind, da bin ich mitten unter ihnen« (Mt 18,20). Wir wollen, lieber Bruder, den Weg zur Einheit gehen, brüderlich verbunden in der Nächstenliebe und mit Jesus Christus, unserem großen Bruder, als unserem steten Bezugspunkt. Wir werden in der Anbetung Jesu Christi die Grundlage und die *raison d'être* unseres Weges finden. Möge der barmherzige Vater die Gebete, die wir gemeinsam an ihn richten, hören und sie erhören. Wir wollen all unsere Hoffnung in ihn setzen, der »unendlich viel mehr tun kann, als wir erbitten oder uns ausdenken können« (Eph 3,20).

Erste Begegnung mit dem
anglikanischen Primas Justin Welby, 14.6.13

Warum tun wir nicht alles zusammen mit unseren anglikanischen Geschwistern?

Mit einem vielsagenden Bild beschreibt der Prophet Ezechiel Gott als Hirte, der seine Schafe, die sich zerstreut haben, sammelt. Sie hatten sich »am dunklen, düsteren Tag« (Ez 34,12) voneinander getrennt. Heute Abend scheint der Herr durch den Propheten eine zweifache Botschaft an uns zu richten. An erster Stelle eine Botschaft der Einheit: Gott will als Hirte die Einheit in seinem Volk und wünscht, dass vor allem die Hirten sich voller Hingabe dafür einsetzen. Zweitens wird uns der Grund für die Spaltungen der Herde genannt: An dunklen, düsteren Tagen haben wir den Bruder an unserer Seite aus den Augen verloren und waren nicht mehr in der Lage, einander zu erkennen und uns über die jeweiligen Gaben und die empfangene Gnade zu freuen. Das ist geschehen, weil sich um uns herum die Dunkelheit des Unverständnisses und des Misstrauens verdichtet hat und sich über uns die dunklen Wolken der Differenzen und Streitigkeiten zusammengezogen haben, häufig aus historischen und kulturellen Ursachen entstanden und nicht nur aus theologischen Gründen. Aber wir haben die unerschütterliche Gewissheit, dass Gott es liebt, unter uns, seiner Herde und seinem kostbaren Schatz, zu weilen.

Er ist ein unermüdlicher Hirte, der weiterhin am Werk ist (vgl. Joh 5,17) und uns aufruft, den Weg zu einer größeren Einheit zu gehen, die nur mit der Hilfe seiner Gnade erreicht werden kann. Deshalb sind wir zuversichtlich, denn Gott liebt es, seine Gnade in uns auszugießen, obwohl wir zerbrechliche Gefäße sind (vgl. 2 Kor 4,7). Er ist überzeugt, dass wir aus der Dunkelheit ans Licht kommen können, aus der Zerstreuung zur Einheit, aus dem Mangel zur Fülle. Dieser Weg der Einheit ist der Weg aller Christen, und er ist eure besondere Mission als Hirten der *Internationalen Anglikanisch-Römisch-Katholischen Kommission für die Einheit und die Mission*. Immer und überall als Werkzeuge der Einheit zu arbeiten ist eine hohe Berufung. Es bedeutet, die Einheit der Familie der Christen und zugleich die Einheit der Menschheitsfamilie zu fördern. Die beiden Ebenen stehen nicht nur nicht im Gegensatz zueinander, sondern sie bereichern sich gegenseitig. Wenn wir als Jünger Jesu unseren Dienst gemeinsam, Seite an Seite anbieten und wenn wir Offenheit und Begegnung fördern, indem wir der Versuchung zur Abkapselung und Isolierung widerstehen, sind wir sowohl für die Einheit der Christen als auch zugleich für die Einheit der Menschheitsfamilie tätig. So erkennen wir uns als Brüder, die zwar verschiedenen Traditionen angehören, aber von demselben Evangelium gedrängt werden, dieselbe Sendung in der Welt zu übernehmen. Da wäre es immer gut, wenn ihr euch vor Beginn irgendeiner Aktivität folgende Frage stellen würdet: Warum tun wir dies nicht zusammen mit unseren anglikanischen Brüdern und Schwestern? Können wir von Jesus Zeugnis geben, indem wir gemeinsam mit unseren katholischen Brüdern und Schwestern handeln?

Wenn wir die Schwierigkeiten und Freuden des Dienstes in der Praxis miteinander teilen, dann kommen wir einander näher. Gott gewähre euch, eine mutige und reale Ökumene zu fördern, immer in Bewegung auf der Suche nach der Öffnung neuer Wege, von denen zuallererst eure Mitbrüder in den Provinzen und Bischofskonferenzen profitieren werden. Es geht immer und vor allem darum, dem Beispiel des Herrn zu folgen, seiner pastoralen Methode, die uns der Prophet Ezechiel vor Augen führt: sich auf die Suche nach dem verlorenen Schaf machen, das verirrte Schaf in den Stall zurückbringen, das verletzte verbinden, das kranke pflegen (vgl. Ez 34,16). Nur so sammelt man das auseinandergerissene Volk.

Ich möchte auf unseren gemeinsamen Weg in der Nachfolge Christi, des Guten Hirten, Bezug nehmen und dabei vom Hirtenstab des heiligen Gregor des Großen ausgehen, der sehr gut die große ökumenische Bedeutung dieser unserer Begegnung symbolisieren kann. Papst Gregor wählte an diesem Ursprungsort der Mission den heiligen Augustinus von Canterbury und sandte ihn und seine Gefährten zu den Angelsachsen. Damit begann ein wichtiger Abschnitt der Evangelisierung, die unsere gemeinsame Geschichte ist und uns unauflöslich verbindet. Daher ist dieser Stab zu Recht ein gemeinsames Symbol unseres Weges der Einheit und der Mission. Im Mittelpunkt der Krümmung dieses Stabes ist das auferstandene Lamm dargestellt. So erinnert uns der Stab an den Willen des Herrn, die Herde zu sammeln und das verlorene Schaf zu suchen, und scheint uns gleichzeitig auch auf den zentralen Inhalt der Verkündigung hinzuweisen: die Liebe Gottes im gekreuzigten und auferstandenen Jesus, im geopferten und lebendigen Lamm. Diese Liebe hat die Dunkelheit des verschlossenen Grabes durchbrochen und dem Licht des ewigen Lebens die Türen weit geöffnet.

Die Liebe des über Sünde und Tod siegenden Lammes ist die wahre erneuernde Botschaft, die wir gemeinsam den Verirrten der heutigen Zeit und all jenen bringen müssen, die noch nicht die Freude haben, das mitleidsvolle Antlitz und die barmherzige Umarmung des Guten Hirten zu kennen. Unser Dienst besteht darin, die Dunkelheit mit diesem milden Licht zu erleuchten, mit der wehrlosen Kraft der Liebe, die die Sünde besiegt und den Tod überwindet. Wir haben die Freude, die Herzmitte des Glaubens gemeinsam anzuerkennen und zu feiern. Konzentrieren wir uns neu darauf, ohne uns von dem ablenken zu lassen, was uns wegführen will von der ursprünglichen Frische des Evangeliums, indem es uns dazu verleitet, dem Geist der Welt zu folgen. Daraus entspringt unsere gemeinsame Verantwortung, die eine Sendung, dem Herrn und der Menschheit zu dienen.

Von einigen [früheren] Autoren wurde unterstrichen, dass die Hirtenstäbe am unteren Ende oft eine Spitze haben. So kann man daran denken, dass der Hirtenstab nicht nur an die Berufung erinnert, die Schafe im Namen des Gekreuzigten und Auferstandenen zu führen und zu sammeln, sondern auch jene anzutreiben, die dazu neigen, zu sehr in der Nähe und im Inneren zu bleiben, um sie zum Hinausgehen aufzufordern. Die Sendung der Hirten besteht darin, der ihnen anvertrauten Herde zu helfen, damit sie im Aufbruch ist, in Bewegung bei der Verkündigung der Freude des Evangeliums, nicht eingeschlossen in »Insider-Kreise«, in ein kirchliches »Mikroklima«, was uns zu den dunklen, düsteren Tagen zurückführen würde. Gemeinsam bitten wir Gott um die Gnade, dem Geist und dem Vorbild der großen Missionare nachzufolgen, durch die der Heilige Geist der Kirche neues Leben geschenkt hat.

Denn sie lebt wieder auf, wenn sie aus sich selbst hinausgeht, um das Evangelium auf den Straßen der Welt zu leben und zu verkünden. Denken wir an das, was in Edinburgh am Beginn der ökumenischen Bewegung geschah: Gerade das Feuer der Mission erlaubte es, mit der Überwindung der Abgrenzungen und der Beseitigung der Einzäunungen zu beginnen, die uns isoliert haben und einen gemeinsamen Weg undenkbar erscheinen ließen. Beten wir gemeinsam in diesem Anliegen: Der Herr gewähre uns, dass sich von hier aus der Elan der Gemeinschaft und der Mission neu beleben möge.

Ansprache bei einer Vesper mit dem anglikanischen Primas, Erzbischof Justin Welby in Rom, 5.10.16

Wir sehen noch keine Lösungen, sind aber unverzagt

Vor 50 Jahren begegneten unsere Vorgänger, Papst Paul VI. und Erzbischof Michael Ramsey, einander in dieser Stadt, die durch den Dienst und das Blut der Apostel Petrus und Paulus geheiligt ist. Danach haben hier in der Kirche »San Gregorio« auf dem Caelius – von wo Papst Gregor Augustinus aussandte, um die angelsächsischen Völker zu evangelisieren – Papst Johannes Paul II. mit Erzbischof Robert Runcie und später mit Erzbischof George Carey sowie Papst Benedikt XVI. mit Erzbischof Rowan Williams gemeinsam gebetet. Auf unserem Pilgerweg zu den Gräbern dieser Apostel und heiligen Vorväter erkennen wir Katholiken und Anglikaner an, Erben des Schatzes des Evangeliums Jesu Christi zu sein, die dazu berufen sind, diesen Schatz mit der ganzen Welt zu teilen. Durch das heilige Leben der Männer und Frauen, die das Evangelium in Wort und Tat verkündigt haben, haben wir die Frohbotschaft Jesu Christi empfangen, und uns ist aufgetragen, durch die Kraft des Heiligen Geistes Zeugen Christi zu sein »bis an die Grenzen der Erde« (Apg 1,8). Gemeinsam sind wir überzeugt, dass »die Grenzen der Erde« heute nicht nur ein geographischer Begriff ist, sondern ein Aufruf, die Heilsbotschaft des Evangeliums besonders den Menschen am Rande und in den Peripherien unserer Gesellschaften zu bringen.

Bei ihrer historischen Begegnung im Jahr 1966 haben Papst Paul VI. und Erzbischof Ramsey die *Internationale Anglikanisch-Römisch-Katholische Kommission* (ARCIC) errichtet, um einen ernsthaften theologischen Dialog zu führen, der »auf der Grundlage der Evangelien und der altehrwürdigen gemeinsamen Überlieferungen zu jener Einheit in der Wahrheit führen möge, für die

Christus gebetet hat«. 50 Jahre später sagen wir Dank für das, was die *Internationale Anglikanisch-Römisch-Katholische Kommission* erreicht hat, indem sie Lehren, die in der Geschichte zu Spaltungen führten, aus einer neuen Perspektive gegenseitiger Achtung und Liebe heraus untersucht hat. Heute sagen wir insbesondere Dank für die Dokumente von ARCIC II, die wir einer genaueren Prüfung unterziehen werden, und stehen in Erwartung der Ergebnisse von ARCIC III, die neue Kontexte und neue Herausforderungen für unsere Einheit untersucht.

Vor 50 Jahren erkannten unsere Vorgänger, dass »schwerwiegende Hindernisse« der Wiederherstellung eines vollständig miteinander geteilten Glaubens und sakramentalen Lebens im Wege standen. Dennoch machten sie sich unverzagt ans Werk, ohne zu wissen, welche Schritte auf dem Weg unternommen werden können, aber in Treue zum Gebet des Herrn, dass seine Jünger eins sein sollen. Auf vielen Gebieten, die uns voneinander trennten, wurden viele Fortschritte gemacht. Aber neue Gegebenheiten haben auch neue Unstimmigkeiten zwischen uns aufgezeigt, besonders in Bezug auf die Ordination von Frauen und jüngere Fragen, die die menschliche Sexualität betreffen. Hinter diesen Differenzen steht die stets vorhandene Frage, wie in der christlichen Gemeinde die Autorität ausgeübt wird. Dies sind einige der Probleme, die ernsthafte Hindernisse für unsere volle Einheit darstellen. Zwar sehen wir, ebenso wie unsere Vorgänger, noch keine Lösungen für die vor uns liegenden Hindernisse, aber dennoch sind wir unverzagt. In unserem Vertrauen und unserer Freude im Heiligen Geist sind wir zuversichtlich, dass der Dialog und der Umgang miteinander unser Verständnis vertiefen und uns helfen werden, den Willen Christi für seine Kirche zu erkennen. Wir vertrauen auf

Gottes Gnade und Vorsehung, im Wissen, dass der Heilige Geist neue Türen öffnen und uns in die ganze Wahrheit führen wird (vgl. Joh 16,13).

Die genannten Differenzen können uns nicht daran hindern, einander als Brüder und Schwestern in Christus anzuerkennen, aufgrund unserer gemeinsamen Taufe. Noch sollten sie uns jemals davon abhalten, den tiefen christlichen Glauben und die Heiligkeit, die wir jeweils in den Traditionen des anderen finden, zu entdecken und uns darüber zu freuen. Diese Differenzen dürfen nicht zu einem Nachlassen unserer ökumenischen Bemühungen führen. Das Gebet Christi beim Letzten Abendmahl, dass alle eins sein sollen (vgl. Joh 17,20–23), ist für seine Jünger heute ebenso ein Imperativ wie in jener Zeit unmittelbar vor seinem Leiden, seinem Tod und seiner Auferstehung und der anschließenden Entstehung seiner Kirche. Auch dürfen unsere Differenzen nicht unserem gemeinsamen Gebet im Wege stehen: Wir können nicht nur zusammen beten, wir müssen sogar zusammen beten und unseren gemeinsamen Glauben und unsere Freude über das Evangelium Christi, die altehrwürdigen Glaubensbekenntnisse und die Macht der Liebe Gottes, durch den Heiligen Geist vergegenwärtigt, zum Ausdruck bringen, um alle Sünde und Spaltung zu überwinden. Und so ermahnen wir, gemeinsam mit unseren Vorgängern, unseren Klerus und unsere Gläubigen, die sichere, aber noch unvollkommene Gemeinschaft, die wir bereits besitzen, nicht zu vernachlässigen oder unterzubewerten. Weiter und tiefer als unsere Differenzen sind der Glaube, den wir miteinander teilen, und unsere gemeinsame Freude über das Evangelium. Christus hat gebetet, dass seine Jünger alle eins sein sollen, »damit die Welt glaubt« (Joh 17,21).

Das Verlangen nach Einheit, das wir in dieser Gemeinsamen Erklärung zum Ausdruck bringen, ist eng verbunden mit unserem gemeinsamen Wunsch, dass Männer und Frauen zu dem Glauben kommen mögen, dass Gott seinen Sohn, Jesus, in die Welt gesandt hat, um die Welt zu retten von dem Bösen, das auf der gesamten Schöpfung lastet und ihr Schaden zufügt. Jesus hat sein Leben in Liebe hingegeben, und indem er von den Toten auferstanden ist, hat er sogar den Tod selbst überwunden. Die Christen, die zu diesem Glauben gelangt sind, sind Jesus und dem Sieg seiner Liebe in ihrem eigenen Leben begegnet und müssen die Freude über diese Frohbotschaft einfach mit anderen teilen. Unsere Fähigkeit, uns im Lobpreis und im Gebet zu Gott zu versammeln und Zeugen für die Welt zu sein, beruht auf dem Vertrauen, dass wir einen gemeinsamen Glauben und ein starkes Maß an Übereinstimmung im Glauben haben.

Die Welt muss sehen, dass wir diesen gemeinsamen Glauben an Jesus bezeugen, indem wir gemeinsam handeln. Wir können und müssen zusammenarbeiten, um unser gemeinsames Haus zu schützen und zu bewahren: indem wir auf eine Weise leben, lehren und handeln, die dazu beiträgt, ein rasches Ende der Umweltzerstörung, die den Schöpfer beleidigt und seine Geschöpfe erniedrigt, herbeizuführen und individuelle und kollektive Verhaltensmuster schaffen, die eine nachhaltige und ganzheitliche Entwicklung zum Wohl aller fördern. Wir können und müssen vereint sein im gemeinsamen Anliegen, die Würde aller Menschen aufrechtzuerhalten und zu verteidigen. Der Mensch wird durch persönliche und gesellschaftliche Sünde erniedrigt.

In einer Kultur der Gleichgültigkeit isolieren uns Mauern der Entfremdung von anderen, von ihren Kämpfen und ihrem Leiden, von dem auch viele unserer Brüder und Schwestern in Christus heute heimgesucht werden. In einer Kultur der Verschwendung wird das Leben der Schwächsten in der Gesellschaft oft an den Rand gedrängt und weggeworfen. In einer Kultur des Hasses sehen wir unsagbare Gewaltakte, die oft gerechtfertigt werden durch ein verzerrtes Verständnis des religiösen Glaubens. Unser christlicher Glaube führt uns dahin, den unschätzbaren Wert eines jeden menschlichen Lebens zu erkennen und es zu ehren durch Werke der Barmherzigkeit, indem wir für Bildung, Gesundheitsfürsorge, sauberes Wasser und Obdach sorgen und stets versuchen, Konflikte zu lösen und Frieden zu stiften. Als Jünger Christi glauben wir, dass die Menschen heilig sind, und als Apostel Christi müssen wir ihre Verteidiger sein. Vor 50 Jahren ließen sich Papst Paul VI. und Erzbischof Ramsey von den Worten des Apostels inspirieren: »Ich vergesse, was hinter mir liegt, und strecke mich nach dem aus, was vor mir ist. Das Ziel vor Augen, jage ich nach dem Siegespreis: der himmlischen Berufung, die Gott uns in Christus Jesus schenkt« (Phil 3,13–14). Heute ist das, »was hinter uns liegt« – die schmerzlichen Jahrhunderte der Trennung –, teilweise geheilt durch 50 Jahre der Freundschaft. Wir sagen Dank für das 50-jährige Bestehen des *Anglican Centre* in Rom, das als Ort der Begegnung und der Freundschaft dient. Wir sind Partner und Gefährten geworden auf unserer Pilgerreise, wir stehen denselben Schwierigkeiten gegenüber und stärken einander, indem wir lernen, die Gaben wertzuschätzen, die Gott dem anderen gegeben hat, und sie in Demut und Dankbarkeit als unsere eigenen anzunehmen.

Wir warten mit Ungeduld darauf, Fortschritte zu machen, auf dass wir vollkommen vereint sein mögen in der Verkündigung, in Wort und Tat, des rettenden und heilenden Evangeliums Christi für alle Menschen. Aus diesem Grund ist die Begegnung so vieler katholischer und anglikanischer Bischöfe der *Internationalen Anglikanisch-Römisch-Katholischen Kommission für Einheit und Mission* (IARCCUM) in diesen Tagen für uns sehr ermutigend. Auf der Grundlage all ihrer Gemeinsamkeiten, die Generationen von Experten der ARCIC sorgfältig aufgedeckt haben, sind sie eifrig darauf bedacht, ihre Sendung der Zusammenarbeit und des gemeinsamen Zeugnisses an den »Grenzen der Erde« voranzubringen. Heute haben wir die Freude, ihnen den Auftrag zu erteilen und sie zu zweit auszusenden, so wie der Herr die 72 Jünger aussandte. Möge ihre ökumenische Sendung zu jenen, die sich am Rande der Gesellschaft befinden, ein Zeugnis für uns alle sein, und möge von diesem heiligen Ort – so wie die Frohbotschaft vor so vielen Jahrhunderten ausgesandt wurde – die Botschaft ausgehen, dass Katholiken und Anglikaner sich gemeinsam dafür einsetzen werden, unserem gemeinsamen Glauben an den Herrn Jesus Christus Ausdruck zu verleihen, den Leidenden Hilfe zu bringen, Frieden zu stiften, wo Konflikte vorhanden sind, und Würde zu bringen, wo sie vorenthalten und mit Füßen getreten wird.

In dieser Kirche des heiligen Gregors des Großen erbitten wir aufrichtig den Segen der Allerheiligsten Dreifaltigkeit für die Fortsetzung der Arbeit von ARCIC und IARCCUM sowie für alle, die für die Wiederherstellung der Einheit unter uns beten und dazu beitragen.

Rom, am 5. Oktober 2016

Seine Gnaden Justin Welby　　　*Seine Heiligkeit Franziskus*

GEMEINSAME ERKLÄRUNG VON PAPST FRANZISKUS UND DEM
ANGLIKANISCHEN PRIMAS JUSTIN WELBY, 5.10.16

Ökumene ist niemals eine Verarmung

Euer Gnaden, liebe Brüder und Schwestern in Christus!

Danke für Ihre Anwesenheit. Es ist ein sehr schönes Zeichen der Brüderlichkeit, die Primasse so vieler Provinzen der Anglikanischen Gemeinschaft gemeinsam mit Euer Gnaden hier in Rom zu sehen. Wir haben feierlich des 50. Jahrestags der historischen Begegnung zwischen dem seligen Paul VI. und Erzbischof Michael Ramsey gedacht.

Sie hat viele Früchte getragen: Es mag ausreichen, an die Gründung des Anglikanischen Zentrums in Rom, an die Ernennung des Ständigen Vertreters des Erzbischofs beim Heiligen Stuhl und an den Beginn unseres theologischen Dialogs zu erinnern. Ein Zeichen für diesen Dialog ist das Buch, in dem die fünf Dokumente der zweiten Phase des ARCIC (1982–2005) gesammelt sind. Da wir diese Früchte teilen, denken wir, dass sie von einem Baum stammen, der seine Wurzeln in der Begegnung vor 50 Jahren hat. Wenn ich an die Fortsetzung unseres gemeinsamen Weges denke, kommen mir drei Worte in den Sinn: Gebet, Zeugnis, Mission.

Gebet: Gestern Abend haben wir die Vesper gebetet, heute Morgen haben Sie hier am Grab des Apostels Petrus gebetet: Wir wollen nicht müde werden, gemeinsam und inständig vom Herrn das Geschenk der Einheit zu erbitten.

Zeugnis: Diese 50 Jahre der Begegnung und des Austauschs wie auch die Reflexion und die gemeinsam erarbeiteten Texte berichten uns von Christen, die durch Glauben und mit Glauben einander zugehört sowie Zeit und Kräfte geteilt haben. Es ist die Überzeugung gewachsen, dass Ökumene niemals eine Verarmung darstellt, sondern ein Reichtum ist. Es ist die Gewissheit herangereift, dass das, was der Heilige Geist im anderen gesät hat, eine gemeinsame

Ernte einbringt. Beherzigen wir dieses Erbe und fühlen wir uns jeden Tag aufgerufen, der Welt das Zeugnis der Liebe und Einheit unter uns zu geben, das Jesus erfleht hat (vgl. Joh 15,12; 17,21).

Mission: Alles hat seine Stunde (Koh 3,1), und dies ist die Stunde, in der der Herr uns in besonderer Weise auffordert, aus uns selbst und unserem Umfeld hinauszugehen, um seine barmherzige Liebe in eine nach Frieden dürstende Welt zu bringen. Helfen wir uns gegenseitig, die Anforderungen des Evangeliums in den Mittelpunkt zu stellen und uns in dieser Mission konkret hinzugeben. Um die Gnade des Wachstums im Gebet, des Zeugnisgebens und des Hinausgehens in die Mission zu erbitten, erlaube ich mir, Sie zum gemeinsamen Gebet des Vaterunsers einzuladen.

Our Father ...

AN ANGLIKANISCHE KIRCHENFÜHRER, 6.10.16

8. Die Theologen werden sich nie einigen: Beziehungen zu den orthodoxen Kirchen

Ein echter Dialog ist immer eine Begegnung zwischen Menschen mit einem Namen, einem Gesicht, einer Geschichte und nicht nur eine Auseinandersetzung von Ideen.

In Istanbul, 30.11.14

Auch wenn sich dieses Buch hauptsächlich mit den Kirchen der Reformation beschäftigt, darf doch ein Kapitel über Papst Franziskus und die orthodoxen Kirchen nicht fehlen. Denn in genau diesem Bereich hat der lateinamerikanische Papst nach seinem Amtsantritt die entschlossensten ökumenischen Gesten gesetzt. Und es ist sein überraschend enges Verhältnis zum griechisch-orthodoxen Patriarchen Bartholomaios I. von Konstantinopel, das seinen charakteristischen ökumenischen Ansatz einer »Kultur der Begegnung« am besten illustriert.

Die Vorgeschichte der Entfremdung zweier christlich-kultureller Weltsphären ist schnell skizziert: 1054 brachen das alte und das neue Rom (Konstantinopel) miteinander, in den 60-er Jahren des 20. Jahrhunderts – da war mit dem dritten Rom (Moskau) längst ein weiterer Player hinzugekommen – setzte dann ein ökumenisches Tauwetter ein. Paul VI. umarmte den Ökumenischen Patriarchen Athenagoras, Rom und Konstantinopel hoben ihre Jahrhunderte alten gegenseitigen Bannflüche feierlich auf, und ein theologischer Dialog zwischen den »Schwesterkirchen« (eine Formulierung Pauls VI.) setzte ein, zunächst »Dialog der Liebe«, seit 1980 hingegen »Dialog der Wahrheit« benannt, weil es mittlerweile um so heikle Fragen wie den päpstlichen Primat geht.

»Mein Bruder Andreas«

Auf orthodoxer Seite ist der ökumenische Eifer in den einzelnen Patriarchaten und Nationalkirchen sehr unterschiedlich ausgeprägt, um es freundlich zu formulieren. Immer wieder mal wüten Athos-Mönche gegen Konsenspapiere, demonstrieren georgische Mönche vor der Vatikan-Botschaft in Tiflis, schimpft der griechisch-orthodoxe Patriarch von Jerusalem auf die Römer oder weigert sich die russisch-orthodoxe Kirche, die die weitaus mitgliederstärkste aller orthodoxen Kirchen ist, einen Text der katholisch-orthodoxen Dialogkommission mitzutragen. Die Bruchlinien innerhalb der orthodoxen Weltgemeinschaft sind 2016 sichtbar geworden, als unter Vorsitz von Bartholomaios I. erstmals in der Neuzeit ein Konzil auf Kreta zusammentrat, das sich als gesamt-orthodox definierte, aber von mehreren orthodoxen Nationalkirchen, allen voran Moskau, boykottiert wurde.

Auf dem Papier trennt die römisch-katholische von der orthodoxen Weltgemeinschaft gar nicht vieles: In Wirklichkeit aber klafft zwischen ihnen eine in Jahrhunderten immer breiter gewordene Kluft. Umso beachtlicher, wie vor allem das Ehrenoberhaupt der Orthodoxen weltweit, Bartholomaios I., schon seit Jahren auf den Vatikan zugeht. Der in Istanbul residierende Patriarch, der sich als Nachfolger des Apostels Andreas betrachtet, sprach auf Einladung von Benedikt XVI. als erster orthodoxer Patriarch überhaupt auf einer vatikanischen Bischofssynode, und 2013 nahm er selbst – ebenfalls eine Premiere – an der Amtseinführung des neuen Papstes Franziskus teil, statt wie üblich eine Delegation nach Rom zu schicken. Franziskus wiederum nannte Bartholomaios bei seiner ersten Audienz für Gäste aus der Ökumene und den großen Religionen seinen »Bruder Andreas« – eine Anspielung auf das Brüderpaar Petrus-Andreas, die dem Patriarchen ein Lächeln entlockte.

Franziskus steht zu der von seinen Vorgängern Johannes Paul und Benedikt formulierten Vorgabe, eine Einheit mit den Orthodoxen auf der Basis des ersten christlichen Jahrtausends zu suchen, bevor es zum großen Schisma von 1054 kam. Wie Paul VI., Johannes Paul II. und Benedikt XVI. bemüht er sich um Gesten der Nähe und Versöhnung zu den orthodoxen Geschwistern. Und ohne den päpstlichen Primat in Frage zu stellen, den Paul VI. einmal als eines der größten ökumenischen Hindernisse bezeichnete, setzt sich Franziskus tatkräftig für eine Dezentralisierung und für eine Stärkung der synodalen Strukturen in der katholischen Kirche ein, wobei er sich von der Orthodoxie inspirieren lässt. All diese Punkte zeigen eine große Aufgeschlossenheit dieses Papstes für die ökumenischen Beziehungen zur orthodoxen Weltkirche.

Doch als charakteristisches »Proprium« kommen eben noch seine brüderlichen Beziehungen zum Ökumenischen Patriarchen hinzu, wie sie so noch kein Papst der Geschichte eingegangen ist. Ökumene habe für ihn eben immer einen »konkreten Namen, ein Gesicht, eine Geschichte«, erklärte Franziskus dazu bei seinem Antrittsbesuch bei Bartholomaios in Istanbul.

Genau 50 Jahre nach der historischen Umarmung ihrer Vorgänger Paul und Athenagoras trafen sich der Papst und der Patriarch im Mai 2014 in Jerusalem. Zum ersten Mal feierten sie einen gemeinsamen

Gottesdienst in der Grabes- und Auferstehungskirche Jesu; Christen verschiedener Konfessionen, darunter die Oberhäupter mehrerer orthodoxer Kirchen, beteten erstmals zusammen das Vaterunser an diesem heiligsten Ort der Christenheit, an dem es sonst häufiger zu Handgreiflichkeiten zwischen Priestern der verschiedenen Konfessionen kommt.

»Interkommunion an Leib und Blut des Flüchtlings-Christus«

Bartholomaios nahm als Ehrengast an einem Gebetstreffen um Frieden im Nahen Osten teil, das Franziskus kurz nach der Reise ins Heilige Land mit den Präsidenten Israels und Palästinas in den Vatikanischen Gärten veranstaltete. Franziskus bezog sich – wieder so eine historische Premiere – in seiner Schöpfungsenzyklika »Laudato si'« vom Mai 2015 ausführlich auf Bartholomaios (der wegen seines Umwelt-Engagements gern auch »Grüner Patriarch« genannt wird), und zusammen mit dem griechisch-orthodoxen Erzbischof von Athen besuchten beide gemeinsam 2016 Flüchtlinge auf der griechischen Insel Lesbos. Das sind Szenen einer ökumenischen Freundschaft, die ihresgleichen sucht.

Der Besuch der Kirchenführer auf Lesbos illustrierte nicht nur die Überzeugung des Papstes, dass die Christen angesichts der schweren Herausforderungen und Probleme unserer Zeit viel stärker gemeinsam auftreten und handeln sollten (»Ökumene der Taten«). Er zeigte auf einer tieferen Ebene auch, wie groß heute schon die kirchliche Gemeinschaft von Katholiken und Orthodoxen ist. »Auf Lesbos praktizieren Bartholomaios und Franziskus zwar keine Interkommunion«, so ordnete der bekannte italienische Konzilshistoriker Alberto Melloni in der Tageszeitung »Corriere della Sera« die gemeinsamen Auftritte der Kirchenführer im Flüchtlingslager ein. »Aber sie kommunizieren gemeinsam am Leib und Blut des Christus, der im Armen und Geflohenen präsent ist; sie verneigen sich vor dem Flüchtlings-Christus.« Ein Patriarch, der türkischer, und ein Papst, der argentinischer Staatsbürger sei, seien dorthin gegangen, »wo die am Meer lebenden Menschen einen letzten Funken Menschlichkeit bewahrt haben«, um von dort aus zu »sagen, was Europa ist«[24].

Für mich hat es etwas Aufregend-Bewegendes, wie Melloni hier das Engagement für Flüchtlinge und die eucharistische Gastfreundschaft in einen Zusammenhang bringt. An diesem Beispiel zeigt sich einmal mehr, auf welch überraschende Weise dieser Papst neue ökumenische Perspektiven aufzureißen vermag.

Die Kontakte von Papst Franziskus zu den orthodoxen Christen in Armenien und in Georgien, die er 2016 besuchte, oder zu den koptischen Christen Ägyptens, auf deren »Ökumene des Bluts« er sich in Zeiten des IS-Terrors immer wieder bewundernd bezieht, haben hier leider keinen Platz mehr. Aber wir wollen doch auf Franziskus' Durchbruch in den Beziehungen zur russisch-orthodoxen Kirche zu sprechen kommen.

Historische Begegnung mit Kyrill

Noch nie in der Neuzeit war es zu einer Begegnung zwischen einem Papst und einem orthodoxen Patriarchen von Moskau gekommen. Das Missverhältnis fiel umso mehr auf, als sich das Verhältnis Roms zu Konstantinopel, Moskaus Rivalen um die Vorherrschaft in der

24 Radio-Vatikan-Newsletter, 16.4.16.

Orthodoxie, stetig verbesserte. Schon der hl. Johannes Paul II., der Papst aus Polen, bemühte sich hartnäckig darum, Alexei II. von Moskau zu treffen; doch seine Entscheidung, nach dem Zusammenbruch des Kommunismus in Russland, das von Moskau als sein eigenes »kanonisches Territorium« betrachtet wird, katholische Bistümer einzurichten, machte diese Anläufe zunichte. Davon abgesehen ist die schiere Existenz von mit Rom unierten Ostkirchen, vor allem die griechisch-katholische Kirche der Ukraine, dem Moskauer Patriarchat ein Dorn im Auge.

Trotzdem ist es 2016 zu einer Begegnung von Franziskus mit Kyrill I. von Moskau gekommen – seltsamerweise in Havanna, der Hauptstadt von Kuba. Mag sein, dass die internationale Großwetterlage das Treffen konditionierte; mag auch sein, dass Russlands Präsident Putin es möglich machte, weil er in diesem Augenblick (kurz nach seiner Invasion auf der Krim und angesichts der EU-Sanktionen gegen Russland) einen außenpolitischen Erfolg brauchte. Natürlich blieb das Treffen auch von heftiger Kritik aus der griechisch-katholischen Kirche der Ukraine nicht verschont. Doch immerhin, es kam zustande – ein fragiler, aber historischer Brückenschlag.

Die Nachricht war das Treffen selbst. Schließlich hatte Moskau immer betont, zuerst müssten die Probleme im beiderseitigen Verhältnis gelöst werden, dann könne es zu einer solchen Begegnung kommen. Franziskus hingegen hat genau den gegenteiligen Ansatz, und der setzte sich hier durch: Erst mal sich treffen, miteinander reden, sich ins Gesicht sehen, eine Vertrauensbasis schaffen. Und dann gemeinsam die Probleme angehen. »Kultur der Begegnung« – auch hier.

Dialog entfernt uns nicht von der Wahrheit

Die Suche nach der Einheit unter den Christen ist eine Dringlichkeit – Sie haben gesagt: »it is not a luxury, but an imperative« [das ist kein Luxus, sondern eine Notwendigkeit] –, eine Dringlichkeit, der wir uns heute weniger als je zuvor entziehen können. In unserer nach Wahrheit, Liebe, Hoffnung, Frieden und Einheit dürstenden Welt ist es für unser Zeugnis wichtig, endlich mit nur einer Stimme die frohe Botschaft des Evangeliums verkünden und gemeinsam die göttlichen Geheimnisse des neuen Lebens in Christus feiern zu können! Wir wissen sehr wohl, dass die Einheit in erster Linie ein Geschenk Gottes ist, um das wir unablässig beten müssen, aber uns allen kommt die Aufgabe zu, die Bedingungen vorzubereiten, das Terrain des Herzens zu kultivieren, damit diese außerordentliche Gnade angenommen werde.

Einen grundlegenden Beitrag zur Suche nach der vollen Gemeinschaft zwischen Katholiken und Orthodoxen bietet die Internationale Gemeinsame Kommission für den Theologischen Dialog, deren Vorsitz Ihre Eminenz, Metropolit Ioannis, und der verehrte Mitbruder Kardinal Kurt Koch gemeinsam innehaben. Ich danke Ihnen aufrichtig für Ihren kostbaren und unermüdlichen Einsatz. Diese Kommission hat bereits viele gemeinsame Texte erarbeitet und untersucht derzeit das schwierige Thema der theologischen und ekklesiologischen Beziehung zwischen Primat und Synodalität im Leben der Kirche. Es ist bedeutsam, dass es heute gelingt, gemeinsam in Wahrheit und Liebe über dieses Themen nachzudenken, ausgehend von dem, was uns gemeinsam ist, ohne jedoch das zu verbergen, was uns noch trennt. Es handelt sich nicht um eine rein theoretische Übung, sondern es geht darum, die gegenseitigen Traditionen in der Tiefe zu kennen, um sie zu verstehen und zuweilen auch aus ihnen zu lernen. Ich beziehe mich zum Beispiel auf die Reflexion der katholischen Kirche über die Bedeutung der bischöflichen Kollegialität und auf die Tradition der Synodalität, die für die orthodoxen Kirchen kennzeichnend ist. Ich vertraue darauf, dass das so komplexe und schwierige Bemühen der gemeinsamen Reflexion zu seiner Zeit Frucht bringen wird. Es tröstet mich, zu wissen, dass Katholiken und Orthodoxe dieselbe Ansicht hinsichtlich des Dialogs teilen, der keinen theologischen Minimalismus sucht, über den man einen Kompromiss erreichen könnte, sondern der sich vielmehr auf die Vertiefung der einzigen Wahrheit stützt, die Christus seiner Kirche geschenkt hat und die wir, geleitet vom Heiligen Geist, nie aufhören, besser zu verstehen. Daher dürfen wir keine Angst haben vor der Begegnung und dem wahren Dialog. Er entfernt uns nicht von der Wahrheit; vielmehr führt er uns durch den Austausch der Gaben unter der Leitung des Geistes der Wahrheit zur ganzen Wahrheit (vgl. Joh 16,13).

ANSPRACHE AN EINE ORTHODOXE DELEGATION
AUS ISTANBUL, 28.6.13

Mitglieder derselben Familie: Botschaft an den Ökumenischen Patriarchen

Heiligkeit, geliebter Bruder in Christus, dies ist das erste Mal, dass ich mich am Fest des Apostels Andreas, des Erstberufenen, an Sie wende. Ich nehme diese Gelegenheit zum Anlass, um Ihnen zu versichern, dass es meine feste Absicht ist, die brüderlichen Beziehungen zwischen der Kirche von Rom und dem Ökumenischen Patriarchat fortzusetzen. Und darin fühle ich mich noch bestärkt, wenn ich über die Tiefe und Authentizität der Bande nachdenke, die heute zwischen uns bestehen: Frucht eines gnadenreichen Weges, auf den der Herr unsere Kirchen seit der historischen Begegnung zwischen Papst Paul VI. und Patriarch Athenagoras in Jerusalem geführt hat, deren 50. Jahrestag wir in Kürze begehen können. Gott, Quelle allen Friedens und aller Liebe, hat uns all diese Jahre hindurch gelehrt, einander als Mitglieder derselben Familie zu betrachten.

Schließlich haben wir ja einen einzigen Herrn und Retter. Ihm gehören wir durch das Geschenk der Frohen Botschaft unseres Heils an, die uns die Apostel überliefert haben; durch die eine Taufe im Namen der Allerheiligsten Dreifaltigkeit und durch den heiligen Dienst der Priester. Vereint in Christus erfahren wir also schon jetzt die Freude, wahre Brüder in Christus zu sein, wenngleich in dem Bewusstsein, das Ziel einer vollen Gemeinschaft noch nicht erreicht zu haben. In Erwartung des Tages, an dem wir endlich teilhaben werden an der gemeinsamen Feier der Eucharistie, sind die Christen verpflichtet, sich darauf vorzubereiten, dieses Geschenk Gottes durch Gebet, innere Umkehr, die Erneuerung des Lebens und den brüderlichen Dialog zu empfangen.

Unsere Freude über die Feier des Festes des Apostels Andreas darf uns den Blick nicht abwenden lassen von der dramatischen Situation so vieler Menschen, die durch Gewalt und Krieg, Hunger, Armut und schlimme Naturkatastrophen großes Leid erfahren. Ich bin mir der tiefen Sorge bewusst, die Sie angesichts der Situation der Christen im Nahen Osten empfinden sowie hinsichtlich des Rechtes, in ihrer Heimat bleiben zu dürfen. Dialog, Vergebung und Versöhnung sind die einzig möglichen Mittel, mit denen eine Lösung des Konflikts herbeigeführt werden kann. Lassen wir niemals nach im Gebet zum allmächtigen und barmherzigen Gott für den Frieden in dieser Region; und werden wir niemals müde, uns für die Versöhnung und die rechte Anerkennung der Rechte der Personen einzusetzen.

Heiligkeit, das Gedächtnis des Martyriums des Apostels Andreas ruft uns auch die zahlreichen Christen aller Kirchen und kirchlichen Gemeinschaften in Erinnerung, die in vielen Teilen der Erde diskriminiert werden, ja die manchmal sogar mit ihrem eigenen Blut dafür bezahlen, dass sie sich zu ihrem Glauben bekennen. Wir begehen zurzeit den 1700. Jahrestag des Toleranzedikts von Mailand, mit dem Kaiser Konstantin der religiösen Verfolgung im gesamten Römischen Reich – sowohl im Osten als auch im Westen – ein Ende setzte und der Verbreitung des Evangeliums neue Wege ebnete. Heute wie damals müssen Christen aus Ost und West ein gemeinsames Zeugnis ablegen, um so – gestärkt vom Geist des auferstandenen Christus – der ganzen Welt die Heilsbotschaft bringen zu können.

Es besteht auch die dringende Notwendigkeit einer wirksamen und engagierten Zusammenarbeit aller Christen, damit das Recht auf öffentliche Glaubensäußerung überall gewahrt wird und die Christen eine gerechte Behandlung erfahren, wenn sie den Beitrag unterstützen, den das Christentum der Gesellschaft und Kultur unserer Zeit auch weiterhin anbietet.

Mit Empfindungen der höchsten Wertschätzung und der innigen Freundschaft in Christus rufe ich auf Eure Heiligkeit und auf alle Gläubigen des Ökumenischen Patriarchats reichen Segen herab und bitte die Jungfrau und Gottesmutter Maria um ihre Fürsprache, ebenso wie die heiligen Apostel und Märtyrer Petrus und Andreas. Mit diesen Empfindungen erneuere ich meine besten Wünsche und meine brüderliche Umarmung im Geiste des Friedens.

BOTSCHAFT AN DEN ÖKUMENISCHEN PATRIARCHEN
BARTHOLOMAIOS ZUM FEST DES HL. ANDREAS, 25.11.13

Schieben wir die Zaudereien beiseite: Ansprache in Jerusalem

Heiligkeit, liebe Mitbrüder im Bischofsamt, liebe Brüder und Schwestern,

in dieser Basilika, auf die jeder Christ mit tiefer Verehrung schaut, erreicht die Pilgerfahrt, die ich gemeinsam mit meinem geliebten Bruder in Christus, Seiner Heiligkeit Bartholomäus, unternehme, ihren Höhepunkt. Wir führen sie durch auf den Spuren unserer verehrten Vorgänger, Papst Pauls VI. und des Patriarchen Athenagoras, die vor 50 Jahren mutig und vom Heiligen Geist geführt in der Heiligen Stadt Jerusalem die historische Begegnung zwischen dem Bischof von Rom und dem Patriarchen von Konstantinopel verwirklichten. Von Herzen begrüße ich Sie alle, die Sie hier zugegen sind ...

Es ist eine außerordentliche Gnade, hier im Gebet vereint zu sein. Das leere Grab, jene in einem Garten gelegene neue Grabstelle, wo Josef von Arimathäa den Leichnam Jesu ehrfürchtig beigesetzt hatte, ist der Ort, von dem die Botschaft der Auferstehung ausgeht: »Fürchtet euch nicht! Ich weiß, ihr sucht Jesus, den Gekreuzigten. Er ist nicht hier; denn er ist auferstanden, wie er gesagt hat. Kommt her und seht euch die Stelle an, wo er lag. Dann geht schnell zu seinen Jüngern und sagt ihnen: Er ist von den Toten auferstanden« (Mt 28,5–7). Diese Botschaft, die von dem Zeugnis derer bestätigt wurde, denen der auferstandene Herr erschien, ist das Herz der christlichen Botschaft; sie wurde treu von Generation zu Generation weitergegeben, wie der Apostel Paulus von Anfang an bezeugt: »Vor allem habe ich euch überliefert, was auch ich empfangen habe: Christus ist für unsere Sünden gestorben, gemäß der Schrift, und ist begraben worden. Er ist am dritten Tag auferweckt worden, gemäß der Schrift« (1 Kor 15,3–4). Sie ist die Grundlage des Glaubens, der uns eint und dank dem wir gemeinsam bekennen, dass Jesus Christus, der eingeborene Sohn des Vaters und unser einziger Herr, »gelitten [hat] unter Pontius Pilatus, gekreuzigt, gestorben und begraben, hinabgestiegen in das Reich des Todes, am dritten Tage auferstanden [ist] von den Toten« (Apostolisches Glaubensbekenntnis). Jeder von uns, jeder in Christus Getaufte ist geistig auferstanden aus diesem Grab, denn alle sind wir in der Taufe dem Erstgeborenen der ganzen Schöpfung wirklich eingegliedert und gemeinsam mit ihm begraben worden, um mit ihm auferweckt zu werden und »als neue Menschen leben« zu können (Röm 6,4).

Nehmen wir die besondere Gnade dieses Augenblicks an. Verweilen wir in ehrfürchtiger Sammlung am leeren Grab, um die Größe unserer christlichen Berufung wiederzuentdecken: Wir sind Männer und Frauen der Auferstehung, nicht des Todes. Lernen wir von diesem Ort, unser Leben, die Sorgen unserer Kirchen und der ganzen Welt im Licht des Ostermorgens zu leben. Jede Verwundung, jedes Leiden, jeder Schmerz sind vom Guten Hirten auf seine eigenen Schultern geladen worden; er hat sich selbst hingegeben, und mit seinem Opfer hat er uns den Übergang ins ewige Leben eröffnet. Seine offenen Wunden sind gleichsam das Tor, durch das sich der Strom seiner Barmherzigkeit über die Welt ergießt. Lassen wir uns die Grundlage unserer Hoffnung nicht nehmen, die genau diese ist: *Christòs anesti!* Enthalten wir der Welt die frohe Botschaft der Auferstehung nicht vor! Und seien wir nicht taub gegenüber dem mächtigen Aufruf zur Einheit, der gerade von diesem Ort aus in den Worten dessen ertönt, der als Auferstandener uns alle »meine Brüder« nennt (vgl. Mt 28,10; Joh 20,17)!

Sicher, wir können die Spaltungen, die unter uns Jüngern Jesu noch bestehen, nicht leugnen: Dieser heilige Ort lässt ihr Drama noch leidvoller empfinden. Und doch erkennen wir 50 Jahre nach der Umarmung jener beiden ehrwürdigen Väter mit Dankbarkeit und neuem Staunen, wie es durch den Antrieb des Heiligen Geistes möglich war, wirklich bedeutende Schritte auf die Einheit hin zu vollziehen. Wir sind uns bewusst, dass noch eine weitere Wegstrecke zurückzulegen bleibt, um jene Fülle der Gemeinschaft zu erreichen, die ihren Ausdruck auch in der Teilnahme am selben eucharistischen Mahl finden kann, die wir so brennend ersehnen; doch die Unstimmigkeiten dürfen uns nicht erschrecken und unser Vorangehen nicht lähmen. Wir müssen glauben, dass ebenso, wie der Stein vom Grab weggewälzt worden ist, auch alle Hindernisse ausgeräumt werden können, die der vollen Gemeinschaft zwischen uns noch im Weg stehen. Es wird eine Auferstehungsgnade sein, die wir schon heute vorauskosten können. Jedes Mal, wenn wir einander um Vergebung bitten für die gegen andere Christen begangenen Sünden, und jedes Mal, wenn wir den Mut haben, diese Vergebung zu gewähren und zu empfangen, machen wir eine Erfahrung der Auferstehung! Jedes Mal, wenn wir nach der Überwindung alter Vorurteile den Mut haben, neue brüderliche Beziehungen zu fördern, bekennen wir, dass Christus wahrhaft auferstanden ist. Jedes Mal, wenn wir die Zukunft der Kirche von ihrer Berufung zur Einheit her bedenken, erstrahlt das Licht des Ostermorgens! Diesbezüglich möchte ich den bereits von meinen Vorgängern ausgedrückten Wunsch erneuern, einen Dialog mit allen Brüdern in Christus zu führen, um für den besonderen Dienst des Bischofs von Rom eine Form der Ausübung zu finden, die sich seiner Sendung entsprechend einer neuen Situation öffnet und im heutigen Kontext ein von allen anerkannter Dienst der Liebe und der Gemeinschaft sein kann (vgl. Johannes Paul II., Enzyklika »Ut unum sint«, 95–96).

Während wir als Pilger an diesen heiligen Orten verweilen, wendet sich unser betendes Gedenken der gesamten Region des Nahen Ostens zu, die leider so oft von Gewalt und Konflikten gezeichnet ist. Und wir vergessen in unseren Gebeten nicht die vielen anderen Menschen, die in verschiedenen Teilen des Planeten aufgrund von Krieg, Armut und Hunger leiden, sowie die vielen Christen, die wegen ihres Glaubens an den auferstandenen Herrn verfolgt werden. Wenn Christen verschiedener Konfessionen gemeinsam zu leiden haben, die einen an der Seite der anderen, und einander in brüderlicher Liebe Hilfe leisten, verwirklicht sich eine Ökumene des Leidens, verwirklicht sich die Ökumene des Blutes, die eine besondere Wirksamkeit besitzt, nicht allein für die Zusammenhänge, in denen sie stattfindet, sondern dank der Gemeinschaft der Heiligen auch für die gesamte Kirche. Diejenigen, die aus Hass auf den Glauben die Christen töten, sie verfolgen, fragen sie nicht, ob sie Orthodoxe oder Katholiken sind: Sie sind Christen. Das christliche Blut ist dasselbe.

Heiligkeit, geliebter Bruder, all ihr lieben Brüder, schieben wir die Zaudereien, die wir von der Vergangenheit geerbt haben, beiseite und öffnen wir unser Herz dem Wirken des Heiligen Geistes, dem Geist der Liebe (vgl. Röm 5,5), um gemeinsam mit raschen Schritten dem segensreichen Tag unserer wiedergefundenen vollen Gemeinschaft entgegenzugehen. Auf diesem Weg fühlen wir uns von dem Gebet unterstützt, das Jesus selbst in dieser Stadt am Vorabend seines Leidens und Sterbens und seiner Auferstehung für seine Jünger an den Vater gerichtet hat und das wir nicht müde werden, uns in Demut zu Eigen zu machen: »Alle sollen eins sein, ... damit die Welt glaubt« (Joh 17,21). Und wenn die Trennung uns pessimistisch, mutlos und verzagt macht, gehen wir alle unter den Mantel der heiligen Gottesmutter. Wenn in der christlichen Seele geistliche Turbulenzen aufkommen, finden wir Frieden nur unter dem Mantel der heiligen Gottesmutter. Möge sie uns helfen auf diesem Weg.

Ökumenische Feier mit Patriarch Bartholomaios
in der Grabes- und Auferstehungskirche Jesu
in Jerusalem/Hl. Land, 25.5.14

Gemeinsame Erklärung I: Auf dem Weg zur vollen Gemeinschaft

1. Wie unsere verehrten Vorgänger Papst Paul VI. und der Ökumenische Patriarch Athenagoras, die sich vor 50 Jahren hier in Jerusalem trafen, waren auch wir, Papst Franziskus und der Ökumenische Patriarch Bartholomäus, entschlossen, uns im Heiligen Land zu treffen, »wo unser gemeinsamer Erlöser, unser Herr Jesus Christus, lebte, lehrte, starb, auferstand und in den Himmel auffuhr, von wo aus er den Heiligen Geist auf die entstehende Kirche herabsandte« (Gemeinsame Erklärung von Papst Paul VI. und Patriarch Athenagoras, die nach ihrer Begegnung am 6. Januar 1964 veröffentlicht wurde.) Unser Treffen, eine weitere Begegnung der Bischöfe der Kirchen von Rom und Konstantinopel, die von Petrus bzw. Andreas, den beiden Apostel-Brüdern, gegründet wurden, ist für uns eine Quelle inniger geistlicher Freude. Es bietet eine günstige Gelegenheit, über die Tiefe und die Echtheit der zwischen uns bestehenden Bande nachzudenken, die selbst Frucht eines von

Gnade erfüllten Weges sind, auf welchem der Herr uns seit jenem segensreichen Tag vor 50 Jahren geführt hat.

2. Unsere heutige brüderliche Begegnung ist ein erneuter und notwendiger Schritt auf dem Weg zu der Einheit, zu der allein der Heilige Geist uns führen kann, der Einheit der Verbundenheit in der legitimen Vielfalt. Mit tiefer Dankbarkeit erinnern wir uns an die Schritte, die zu tun der Herr uns bereits befähigt hat. Die gegenseitige Umarmung von Papst Paul VI. und Patriarch Athenagoras hier in Jerusalem nach Jahrhunderten des Schweigens ebnete den Weg für eine bedeutsame Geste, die Aufhebung der Akte der gegenseitigen Exkommunikation von 1054 und ihre Entfernung aus dem Gedächtnis und dem Herzen der Kirche. Darauf folgten ein Austausch von Besuchen zwischen den jeweiligen Sitzen von Rom und Konstantinopel, ein regelmäßiger Schriftwechsel und später die von Papst Johannes Paul II. und Patriarch Dimitrios – beide seligen Angedenkens – angekündigte Entscheidung, einen theologischen Dialog der Wahrheit zwischen Katholiken und Orthodoxen aufzunehmen. Im Laufe dieser Jahre hat Gott, der Quell allen Friedens und aller Liebe, uns gelehrt, einander als Glieder ein und derselben christlichen Familie zu betrachten, unter einem Herrn und Heiland, Jesus Christus, und einander zu lieben, so dass wir unseren Glauben an dasselbe Evangelium Christi bekennen können, wie er von den Aposteln empfangen und von den Ökumenischen Konzilien und den Kirchenvätern formuliert und an uns weitergegeben wurde. Während wir uns sehr wohl bewusst sind, dass wir das Ziel der vollen Gemeinschaft nicht erreicht haben, bekräftigen wir heute unseren Einsatz, unseren gemeinsamen Weg zur Einheit fortzusetzen, für die Christus, unser Herr, zum Vater gebetet hat: »Alle sollen eins sein« (Joh 17,21).

3. Im klaren Bewusstsein, dass die Einheit sich in der Liebe zu Gott und zum Nächsten ausdrückt, sehen wir erwartungsvoll dem Tag entgegen, an dem wir endlich gemeinsam am eucharistischen Mahl teilnehmen werden. Als Christen sind wir aufgerufen, uns auf den Empfang dieses Geschenks der eucharistischen Gemeinschaft entsprechend der Lehre des heiligen Irenäus von Lyon (Adv. haer. IV,18,5: PG 7,1028) durch das Bekenntnis des einen Glaubens, beharrliches Beten, innere Umkehr, Erneuerung des Lebens und brüderlichen Dialog vorzubereiten. Wenn wir dieses erhoffte Ziel erreichen, werden wir der Welt die Liebe Gottes zeigen, durch die wir als wahre Jünger Jesu Christi erkannt werden (vgl. Joh 13,35).

4. Zu diesem Zweck leistet der von der Gemeinsamen Internationalen Kommission geführte Dialog einen grundlegenden Beitrag für die Suche nach der vollen Gemeinschaft zwischen Katholiken und Orthodoxen. Im Laufe der nachfolgenden Zeiten unter Johannes Paul II. und Benedikt XVI. und Patriarch Dimitrios war der Fortschritt unserer theologischen Begegnungen beachtlich. Heute bringen wir unsere tiefempfundene Anerkennung für die bisher erzielten Errungenschaften sowie für die gegenwärtigen Bemühungen zum Ausdruck. Dies ist keine bloß theoretische Übung, sondern eine Übung in Wahrheit und Liebe, die eine immer tiefere Kenntnis der beiderseitigen Traditionen erfordert, um sie zu verstehen und von ihnen zu lernen. Daher bekräftigen wir noch einmal, dass der theologische Dialog nicht den kleinsten gemeinsamen Nenner in der Theologie anstrebt, auf dem ein Kompromiss erreicht werden kann, sondern es geht vielmehr darum, das eigene Verständnis der ganzen Wahrheit, die Christus seiner Kirche geschenkt hat, zu vertiefen – eine Wahrheit, in die wir unaufhörlich weiter eindringen, wenn wir den Eingebungen des Heiligen

Geistes folgen. Darum erklären wir gemeinsam, dass unsere Treue zum Herrn eine brüderliche Begegnung und einen aufrichtigen Dialog verlangt. Solch ein gemeinsames Streben führt uns nicht von der Wahrheit weg; vielmehr wird es uns durch einen Austausch der Gaben und unter der Leitung des Heiligen Geistes in die ganze Wahrheit führen (vgl. Joh 16,13).

5. Doch auch während wir noch auf dem Weg zur vollen Gemeinschaft sind, haben wir bereits die Pflicht, gemeinsam die Liebe Gottes zu allen Menschen zu bezeugen, indem wir im Dienst der Menschlichkeit zusammenarbeiten, besonders dadurch, dass wir die Würde des Menschen in allen Lebensphasen und die Unantastbarkeit der auf die Ehe gegründeten Familie verteidigen, den Frieden und das Gemeinwohl fördern und uns um das Leiden kümmern, das unsere Welt immer wieder heimsucht. Wir erkennen an, dass Hunger, Armut, Analphabetismus und die ungleiche Verteilung der Güter ständig unserer besonderen Aufmerksamkeit bedürfen. Es ist unsere Pflicht, uns zu bemühen, gemeinsam eine gerechte und menschliche Gesellschaft aufzubauen, in der sich niemand ausgeschlossen oder an den Rand gedrängt fühlt.

AUS DER GEMEINSAMEN ERKLÄRUNG DES PAPSTES UND DES ÖKUMENISCHEN PATRIARCHEN BARTHOLOMAIOS IN JERUSALEM/HL. LAND, 25.5.14

Echter Dialog ist eine Begegnung zwischen Menschen: Ansprache in Istanbul

Eure Heiligkeit, viel geliebter Bruder Bartholomaios,

mehrmals habe ich als Erzbischof von Buenos Aires an der Göttlichen Liturgie der orthodoxen Gemeinden in jener Stadt teilgenommen. Aber hier und heute in dieser Patriarchatskirche St. Georg zu sein für die Feier des heiligen Apostels Andreas, erster der Berufenen und Bruder des heiligen Petrus, Patron des Ökumenischen Patriarchats, ist wirklich eine einzigartige Gnade, die der Herr mir schenkt.

Sich begegnen, gegenseitig das Gesicht sehen, einander den Friedenskuss geben, füreinander beten, sind wesentliche Dimensionen auf dem Weg zur Wiederherstellung der vollen Gemeinschaft, die wir anstreben. All das geht voraus und begleitet ständig jene andere wesentliche Dimension dieses Weges, den theologischen Dialog. Ein echter Dialog ist immer eine Begegnung zwischen Menschen mit einem Namen, einem Gesicht, einer Geschichte und nicht nur eine Auseinandersetzung von Ideen.

Dies gilt vor allem für uns Christen, weil für uns die Wahrheit die Person Jesu Christi ist. Das Beispiel des heiligen Andreas, der zusammen mit einem anderen Jünger der Einladung des göttlichen Meisters gefolgt ist: »Kommt und seht«, und sie »blieben jenen Tag bei ihm« (Joh 1,39), zeigt uns deutlich, dass das christliche Leben eine persönliche Erfahrung ist, eine verwandelnde Begegnung mit dem, der uns liebt und uns erlösen will. Auch die christliche Botschaft verbreitet sich dank der Menschen, die aus Liebe zu Christus die Freude, geliebt und erlöst zu sein, nur weitergeben können. Einmal mehr ist das Beispiel des Apostels Andreas aufschlussreich. Nachdem er Jesus dorthin gefolgt war, wo er lebte, und sich mit ihm unterhalten hatte, »traf [er] zuerst seinen Bruder Simon und sagte zu ihm: ›Wir haben den Messias gefunden‹. Messias heißt übersetzt: der Gesalbte (Christus). Er führte ihn zu Jesus« (Joh 1,40–42). Es ist daher klar, dass auch der Dialog zwischen Christen sich dieser Logik einer persönlichen Begegnung nicht entziehen kann.

So ist es kein Zufall, dass der Weg der Versöhnung und des Friedens zwischen Katholiken und Orthodoxen in gewisser Weise mit einer Begegnung, einer Umarmung zwischen unseren verehrten Vorgängern, dem Ökumenischen Patriarchen Athenagoras und Papst Paul VI., vor 50 Jahren in Jerusalem begonnen hat. Dieses Ereignisses wollten Eure Heiligkeit und ich vor kurzem gedenken, als wir uns wieder in der Stadt getroffen haben, in der unser Herr Jesus Christus gestorben und auferstanden ist.

Durch eine glückliche Fügung findet dieser mein Besuch einige Tage nach der Feier des 50. Jahrestages der Promulgation des Dekrets des Zweiten Vatikanischen Konzils, »Unitatis redintegratio«, über die Bemühungen um die Einheit aller Christen statt. Es handelt sich um ein grundlegendes Dokument, durch das ein neuer Weg für die Begegnung zwischen den Katholiken und den Brüdern der anderen Kirchen und kirchlichen Gemeinschaften eröffnet wurde.

Mit diesem Dekret anerkennt die Katholische Kirche insbesondere, dass die orthodoxen Kirchen »wahre Sakramente besitzen, vor allem aber in der Kraft der apostolischen Sukzession das Priestertum und die Eucharistie, wodurch sie in ganz enger Verwandtschaft bis heute mit uns verbunden sind« (Nr. 15). Folglich wird bestätigt: Um die Fülle der christlichen Tradition in Treue zu wahren und die Wiederversöhnung der Christen des Ostens und Westens herbeizuführen, ist es von größter Bedeutung, das überreiche Erbe der orientalischen Kirchen zu erhalten und zu fördern – nicht nur das, was sich auf die liturgischen und geistlichen Traditionen bezieht, sondern auch auf die von den heiligen Vätern und den Konzilien sanktionierten kanonischen Ordnungen, die das Leben dieser Kirchen regeln (vgl. Nr. 15–16).

Ich halte es für wichtig, die Beachtung dieses Grundsatzes als eine wesentliche und gegenseitige Voraussetzung für die Wiederherstellung der vollen Gemeinschaft zu betonen, die weder bedeutet, einander zu unterwerfen noch einzuverleiben, sondern vielmehr alle Gaben anzunehmen, die Gott jedem gegeben hat, um in der ganzen Welt das große Geheimnis der vom Herrn Jesus Christus durch den Heiligen Geist gewirkten Erlösung kund zu tun. Jedem von euch möchte ich versichern, dass die katholische Kirche, um das ersehnte Ziel der vollen Einheit zu erreichen, nicht beabsichtigt, irgendeine Forderung aufzuerlegen als die, den gemeinsamen Glauben zu bekennen, und dass wir bereit sind, im Licht der Lehre der Schrift und der Erfahrung des ersten Jahrtausends gemeinsam die Bedingungen zu suchen, um mit diesen die notwendige Einheit der Kirche unter den gegenwärtigen Umständen zu gewährleisten: Das Einzige, was die katholische Kirche wünscht und ich als Bischof von Rom, »der Kirche, die den Vorsitz in der Liebe führt«, anstrebe, ist die Gemeinschaft mit den orthodoxen Kirchen. Diese Gemeinschaft wird immer die Frucht der Liebe sein, »denn die Liebe Gottes ist ausgegossen in unsere Herzen durch den Heiligen Geist, der uns gegeben ist« (Röm 5,5), Frucht brüderlicher Liebe, die dem geistigen und transzendenten Band, das uns als Jünger des Herrn verbindet, Ausdruck verleiht.

In der heutigen Welt erheben sich lautstark Stimmen, die wir nicht überhören können und die unsere Kirchen bitten, die Nachfolge des Herrn Jesus Christus bis zum Äußersten zu leben.

Die erste dieser Stimmen ist die der Armen. In der Welt gibt es zu viele Frauen und Männer, die an schwerer Unterernährung leiden, an wachsender Arbeitslosigkeit, am hohen Anteil Jugendlicher ohne Arbeit und an der Zunahme der sozialen Ausgrenzung, die zu kriminellen Aktivitäten und sogar zur Rekrutierung von Terroristen führen kann. Angesichts der Stimmen dieser Brüder und Schwestern können wir nicht gleichgültig bleiben. Sie bitten uns nicht nur um materielle Hilfe, die in vielen Fällen notwendig ist, sondern vor allem, dass wir ihnen helfen, ihre Menschenwürde zu verteidigen, so dass sie die geistigen Energien wieder finden können, um sich aufzurichten und wieder Protagonisten ihrer eigenen Geschichte zu werden. Ferner bitten sie uns, im Licht des Evangeliums gegen die strukturellen Ursachen von Armut zu kämpfen: Ungleichheit, Mangel an menschenwürdiger Arbeit, an Land und Wohnung, Leugnung der Sozial- und Arbeitsrechte. Als Christen sind wir aufgerufen, gemeinsam jene Globalisierung der Gleichgültigkeit, die heute zu dominieren scheint, zu überwinden und eine neue Zivilisation der Liebe und Solidarität aufzubauen.

Eine zweite Stimme, die laut schreit, ist jene der Opfer von Konflikten in vielen Teilen der Welt. Von hier hören wir diese Stimme sehr deutlich erschallen, weil einige Nachbarländer von einem grausamen und unmenschlichen Krieg gezeichnet sind. In tiefer Trauer denke ich an die vielen Opfer des unmenschlichen und sinnlosen Anschlags, der in diesen Tagen auf die muslimischen Gläubigen, die in der Moschee von Kano in Nigeria gebetet haben, verübt wurde. Den Frieden eines Volkes erschüttern, jegliche Art von Gewalt, insbesondere an Schwachen und Wehrlosen zu begehen oder zu erlauben, ist eine sehr schwere Sünde gegen Gott, weil es bedeutet, das Bild Gottes im Menschen nicht zu achten. Die Stimme der Opfer der Konflikte drängt uns, zügig auf den Weg der Versöhnung und der Gemeinschaft zwischen Katholiken und

Orthodoxen weiterzugehen. Wie können wir im Übrigen glaubwürdig das Evangelium des Friedens verkünden, der von Christus kommt, wenn es zwischen uns weiterhin Rivalität und Streitigkeiten gibt? (vgl. Paul VI., Apostolisches Schreiben »Evangelii nuntiandi«, 77).

Eine dritte Stimme, die uns herausfordert, ist die der Jugend. Leider gibt es heute viele Jugendliche, die ohne Hoffnung leben, entmutigt durch Misstrauen und Resignation. Viele junge Menschen suchen dann, beeinflusst von der vorherrschenden Kultur, die Freude nur im materiellen Besitz und in der Befriedigung der Emotionen des Augenblicks. Die neuen Generationen werden nie die wahre Weisheit erwerben und die Hoffnung lebendig erhalten können, wenn wir nicht in der Lage sind, den authentischen Humanismus zu erschließen und zu vermitteln, der aus dem Evangelium und der 1000-jährigen Erfahrung der Kirche hervorgeht. Gerade die Jugendlichen – ich denke zum Beispiel an die Scharen von jungen Orthodoxen, Katholiken und Protestanten, die sich auf den von der Gemeinschaft von Taizé organisierten internationalen Treffen begegnen – fordern uns heute auf, Fortschritte zur vollen Gemeinschaft hin zu machen. Und dies nicht, weil sie die Bedeutung der Unterschiede, die uns noch trennen, ignorieren, sondern weil sie weiter zu sehen vermögen und fähig sind, das Wesentliche, das uns schon eint, zu erfassen.

Lieber Bruder, viel geliebter Bruder, wir sind schon unterwegs, auf dem Weg zur vollen Gemeinschaft und können schon deutliche Zeichen einer echten, wenn auch noch teilweisen Einheit leben. Das stärkt und unterstützt uns, auf diesem Weg weiter zu schreiten. Wir sind sicher, dass wir während dieses Weges durch die Fürsprache des Apostels Andreas und seines Bruders Petrus, der

Tradition nach die Gründer der Kirchen von Konstantinopel und Rom, unterstützt werden. Erbitten wir von Gott das große Geschenk der vollen Einheit und die Fähigkeit, es in unserem Leben aufzunehmen. Und vergessen wir nie, füreinander zu beten.

ANSPRACHE IN DER KIRCHE DES ÖKUMENISCHEN PATRIARCHATS VON KONSTANTINOPEL IN ISTANBUL/TÜRKEI BEI DER GÖTTLICHEN LITURGIE ZUM FEST DES HL. ANDREAS, 30.11.14

Gemeinsam beten, gemeinsam arbeiten

Ich glaube, dass wir mit der Orthodoxie in Bewegung sind. Sie haben die Sakramente, sie haben die apostolische Sukzession ... Wir sind auf dem Weg. Worauf müssen wir warten? Dass sich die Theologen einigen? Der Tag wird niemals kommen, das kann ich Ihnen sagen, da bin ich skeptisch. Sie arbeiten gut, die Theologen, aber ich kann mich an das erinnern, was Athenagoras zu Paul VI. gesagt haben soll: »Schicken wir diese ganzen Theologen doch einfach auf eine Insel, wo sie sich die Köpfe zerbrechen können, und wir machen hier inzwischen alleine weiter!« Ich hatte gemeint, das sei eine erfundene Geschichte, aber Bartholomäus hat mir versichert: »Nein, es stimmt. Genau das hat er gesagt!« Man kann nicht darauf warten: Die Einheit ist ein Weg; ein Weg, den wir gehen müssen, und wir müssen es gemeinsam tun. Das ist die geistliche Ökumene: gemeinsam beten, gemeinsam arbeiten. Es gibt so viele Werke der Nächstenliebe, so viel Arbeit ... gemeinsam unterrichten ... gemeinsam vorangehen. Das ist geistliche Ökumene. Dann gibt es noch die Ökumene des Blutes, wenn sie die Christen umbringen; wir haben viele Märtyrer ... angefangen bei denen in Uganda, die vor 50 Jahren heiliggesprochen wurden: Sie waren zur Hälfte Anglikaner, zur Hälfte Katholiken; aber jene [ihre Mörder] haben nicht gesagt: »Du bist Katholik ... Du bist Anglikaner ...«! Nein: »Du bist Christ«, und das Blut vermischt sich. Das ist die Ökumene des Blutes. Unsere Märtyrer rufen uns zu: »Wir sind eins! Wir haben bereits eine Einheit – im Geist und im Blut.« Ich weiß nicht, ob ich hier schon die Anekdote von Hamburg erzählt habe; die vom Pfarrer aus Hamburg ... Habe ich das? Als ich in Deutschland war, musste ich nach Hamburg, um eine Taufe zu spenden. Der Pfarrer dort arbeitete am Heiligsprechungsprozess für einen Priester, den die Nazis enthauptet hatten, weil er Kindern Katechismus-Unterricht gab. Und als er den Fall studierte, da entdeckte er auf einmal, dass hinter dem Priester in der Schlange ein lutherischer Pastor gestanden hatte, der aus demselben Grund wie der Priester aufs Schafott geschickt wurde. Das Blut der beiden vermischte sich ... Da ging der Pfarrer zum Bischof und sagte zu ihm: »Ich werde die Sache nicht für den Priester allein weiter vorantreiben: entweder beide oder keiner!« Das ist die Ökumene des Blutes, die uns sehr hilft, uns sehr viel sagt. Und ich denke, dass wir auf diesem Weg mutig vorangehen müssen. Ja, die Lehrstühle an den Universitäten teilen, das wird getan, aber wir müssen weitergehen, immer weiter ...

Frage: Heute Morgen, bei der Göttlichen Liturgie, haben Sie einen Satz gesagt, der mich beeindruckt hat: »Jedem von euch möchte ich versichern, dass die katholische Kirche, um das ersehnte Ziel der vollen Einheit zu erreichen, nicht beabsichtigt, irgendeine Forderung aufzuerlegen.« Können Sie uns, falls möglich, diesen Satz genauer erklären und auch, ob es dabei um die Frage des Primats ging, die Sie vorhin angesprochen haben?

Antwort: Das ist keine Forderung: Es ist eine Übereinkunft, weil auch sie es wollen. Es ist eine Übereinkunft, eine Form zu finden, die der Form der ersten Jahrhunderte mehr entspricht. Ich habe einmal etwas gelesen, das mir zu denken gegeben hat ... Nebenbei gesagt: Das, was ich auf diesem Weg der Einheit als das Wesentlichste empfinde, habe ich in meiner gestrigen Predigt über den Heiligen Geist gesagt: Nur der Weg des Heiligen Geistes ist der richtige Weg. Er ist Überraschung. Er lässt uns erkennen, worauf es ankommt; er ist kreativ ... Das Problem – das ist vielleicht eine Selbstkritik, aber es ist mehr oder weniger das, was ich bei den Generalkongregationen vor dem Konklave gesagt habe –, das Problem ist, dass die Kirche den Fehler, die sündige Gewohnheit hat, zu sehr auf sich selbst zu schauen, so als glaube sie, eigenes Licht zu haben. Doch Vorsicht: die Kirche hat kein eigenes Licht. Sie muss auf Jesus Christus schauen! Die Kirche, die ersten Väter, nannten sie *mysterium lunae*, das Geheimnis des Mondes. Und warum? Weil sie Licht spendet, aber nicht ihr eigenes, sondern das, das von der Sonne kommt. Und wenn die Kirche zu sehr auf sich selbst schaut, dann kommt es zu Spaltungen. Und genau das ist nach dem ersten Jahrtausend passiert. Heute bei Tisch haben wir von dem Moment, von dem Ort – ich weiß nicht mehr, welchem – gesprochen, wo ein Kardinal dem Patriarchen die Exkommunizierung des Papstes brachte: In jenem Moment hat die Kirche auf sich selbst geschaut! Sie hat nicht auf Jesus Christus geschaut. Und ich glaube, dass all diese Probleme, die es unter uns gibt, unter den Christen – wenigstens, was unsere katholische Kirche angeht – dann entstehen, wenn sie auf sich selbst schaut: wenn sie autoreferentiell wird. Bartholomäus hat heute ein Wort gebraucht, das nicht »autoreferentiell« war, ihm aber ziemlich ähnelte, sehr schön ... ich kann mich jetzt nicht daran erinnern, aber es war schön, wirklich sehr schön [das Wort war »Introversion«]. Sie akzeptieren den Primat: In der Litanei haben sie heute für den »Hirten und Primas« gebetet. Wie haben sie gesagt? Ποιμένα καί Πρόεδρον, »Der den Vorsitz führt …«. Sie erkennen ihn an, das haben sie heute gesagt, vor mir. Für die Form des Primats müssen wir aber ein bisschen weiter zurückgehen, uns vom ersten Jahrtausend inspirieren lassen. Ich sage nicht, dass sich die Kirche geirrt hat, nein. Sie ist ihren historischen Weg gegangen. Aber jetzt ist der historische Weg der Kirche der, zu dem der heilige Johannes Paul II. aufgerufen hat: Helft mir, im Licht des ersten Jahrtausends einen gemeinsamen Nenner zu finden. Hier liegt der Schlüssel. Wenn sie sich selbst bespiegelt, dann verzichtet die Kirche auf ihr Kirche-Sein und wird stattdessen zu einer »theologischen NGO«. …

Frage: Danke, Heiliger Vater. Ich wollte Sie nach Ihrer gestrigen historischen Verneigung vor dem Patriarchen von Konstantinopel fragen. Vor allem würde ich gerne wissen, wie Sie mit den Kritiken von Seiten jener umzugehen gedenken, die für solche Gesten der Öffnung vielleicht kein Verständnis haben, vor allem in ultrakonservativen Kreisen; Menschen, die diese Ihre Gesten der Öffnung immer mit etwas Misstrauen betrachten …

Antwort: Ich erlaube mir zu sagen, dass das nicht nur unser Problem ist: es ist auch ihr Problem [das der Orthodoxen]. Sie haben das Problem einiger Mönche, einiger Klöster, die diesen Weg eingeschlagen haben. Ein Problem beispielsweise, das seit der Zeit des seligen Papstes Paul VI. diskutiert wird, ist das Datum des Osterfestes. Und wir kommen nicht überein! Wenn wir es nämlich auf den ersten Mond nach dem 14. Nisan legen, dann riskieren wir, dass es auf ein immer späteres Datum fällt, und dann kann es uns – unseren Urenkeln – passieren, dass wir eines Tages im August Ostern feiern! Wir müssen es weiter versuchen ... Der selige Paul VI. hat vorgeschlagen, sich auf ein fixes Datum, einen Sonntag im April, zu einigen. Aber Bartholomäus hat zum Beispiel in zwei Fällen Mut bewiesen – an einen kann ich mich erinnern, es gab aber auch noch einen anderen. In Finnland hat er zu der kleinen orthodoxen Gemeinde gesagt: »Feiert Ostern mit den Lutheranern, an ihrem Datum«, damit es in einem Land mit christlicher Minderheit keine zwei Osterfeste gibt. Aber auch die Katholiken östlicher Tradition ... Ich habe einmal bei Tisch in der Via della Scrofa – man bereitete gerade das Osterfest in der katholischen Kirche vor – einen solchen Katholiken sagen hören: »Aber nein, unser Christus steht einen Monat später von den Toten auf! Steht dein Christus heute auf?« – Darauf der andere: »Dein Christus ist mein Christus.« Das Datum des Osterfestes ist wichtig. Es gibt da Widerstand, auf ihrer Seite, und auch auf der unsrigen. Und diese Gruppen der Konservativen ... wir müssen sie respektvoll behandeln und dürfen nie müde werden zu erklären, Katechese zu betreiben, miteinander zu sprechen, ohne sie zu beleidigen, ohne sie anzuschwärzen, ohne über sie herzuziehen. Denn du darfst einen Menschen nicht zunichte machen, indem du sagst: »Das ist ein Konservativer.« Nein. Er ist genauso ein Sohn Gottes wie ich. Aber komm, lass uns reden. Wenn er nicht reden will, dann ist das sein Problem, aber ich respektiere ihn. Geduld, Sanftmut und Dialog.

FLIEGENDE PRESSEKONFERENZ DES PAPSTES
AUF DEM RÜCKWEG VON ISTANBUL NACH ROM, 30.11.14

Wir sprechen klar, ohne Ausflüchte: Treffen mit dem russisch-orthodoxen Patriarchen Kyrill

Heiligkeit, Eminenzen, Hochwürdige Herren,

wir sprechen als Brüder miteinander, wir haben dieselbe Taufe, wir sind Bischöfe. Wir sprechen über unsere Kirchen, und wir stimmen darin überein, dass sich die Einheit im Unterwegssein bildet. Wir sprechen klar, ohne Ausflüchte, und ich bekenne, dass ich den Trost des Geistes in diesem Dialog gespürt habe. Ich danke für die Demut Seiner Heiligkeit, eine brüderliche Demut, und für sein gutes Verlangen nach Einheit.

Wir haben begonnen mit einer Reihe von Initiativen, von denen ich glaube, dass sie durchführbar sind und verwirklicht werden können. Deshalb möchte ich Seiner Heiligkeit noch einmal danken für seine wohlwollende Aufnahme, ebenso wie den Mitarbeitern – ich nenne zwei –: Seiner Eminenz, dem Metropoliten Hilarión und Seiner Eminenz, Kardinal Koch, mit ihren ganzen Teams, die dafür gearbeitet haben.

Ich möchte nicht weggehen, ohne Kuba meinen tief empfundenen Dank auszudrücken, dem großen kubanischen Volk und seinem hier anwesenden Präsidenten. Ich danke ihm für seine aktive Verfügbarkeit. Wenn das so weitergeht, wird Kuba die Hauptstadt der Einheit sein. Möge all das zur Ehre Gottes, des Vaters, des Sohnes und des Heiligen Geistes gereichen und zum Wohl des heiligen gläubigen Volkes Gottes, unter dem Mantel der heiligen Gottesmutter.

FREI FORMULIERTE ANSPRACHE DES PAPSTES BEI DER
BEGEGNUNG MIT DEM RUSSISCH-ORTHODOXEN PATRIARCHEN
KYRILL I. VON MOSKAU IN HAVANNA/KUBA, 12.2.16

Gemeinsame Erklärung II: Für eine stärkere Zusammenarbeit der katholischen und der russisch-orthodoxen Kirche

»Die Gnade Jesu Christi, des Herrn, die Liebe Gottes und die Gemeinschaft des Heiligen Geistes sei mit euch allen!« (2 Kor 13,13)

1. Durch den Willen Gottes des Vaters, von dem jede Gabe kommt, im Namen unseres Herrn Jesus Christus und mit dem Beistand des Heiligen Geistes des Trösters haben wir, Papst Franziskus und Kyrill, Patriarch von Moskau und dem ganzen Rus, uns heute in Havanna getroffen. Wir danken Gott, der in der Dreifaltigkeit verherrlicht ist, für diese Begegnung, die erste in der Geschichte.

Mit Freude sind wir als Brüder im christlichen Glauben zusammengekommen, die sich treffen, um persönlich miteinander zu sprechen (vgl. 2 Joh 12), von Herz zu Herz, und die wechselseitigen Beziehungen zwischen den Kirchen, den wesentlichen Problemen unserer Gläubigen und die Aussichten zur Entwicklung der menschlichen Zivilisation zu erörtern.

2. Unser brüderliches Treffen hat auf Kuba stattgefunden, am Kreuzungspunkt von Nord und Süd sowie von Ost und West. Von dieser Insel, dem Symbol der Hoffnungen der »Neuen Welt« und der dramatischen Ereignisse der Geschichte des 20. Jahrhunderts, richten wir unser Wort an alle Völker Lateinamerikas und der anderen Kontinente.

Wir freuen uns, dass der christliche Glaube hier in dynamischer Weise im Wachsen begriffen ist. Das starke religiöse Potential Lateinamerikas, seine jahrhundertealte christliche Tradition, die in der persönlichen Erfahrung von Millionen von Menschen zum Ausdruck kommt, sind die Garantie für eine große Zukunft für diese Region.

3. Da wir uns weit weg von den alten Auseinandersetzungen der »Alten Welt« treffen, empfinden wir mit besonderem Nachdruck die Notwendigkeit einer gemeinsamen Arbeit zwischen Katholiken und Orthodoxen, die gerufen sind, mit Sanftmut und Respekt der Welt Rede und Antwort zu stehen über die Hoffnung, die uns erfüllt (vgl. 1 Petr 3,15).

4. Wir danken Gott für die Gaben, die wir durch das Kommen seines einzigen Sohnes in die Welt empfangen haben. Wir teilen die gemeinsame geistliche Tradition des ersten Jahrtausends der Christenheit. Die Zeugen dieser Tradition sind die Allerseligste Gottesmutter und Jungfrau Maria und die Heiligen, die wir verehren. Unter ihnen sind ungezählte Märtyrer, die ihre Treue zu Christus bezeugt haben und »Samen der Christen« geworden sind.

5. Trotz dieser gemeinsamen Tradition der ersten zehn Jahrhunderte sind Katholiken und Orthodoxe seit ungefähr tausend Jahren der Gemeinschaft in der Eucharistie beraubt. Wir sind getrennt durch Wunden, die durch Konflikte in ferner oder naher Vergangenheit hervorgerufen wurden, durch von den Vorfahren ererbte Gegensätze im Verständnis und in der Ausübung unseres Glaubens an Gott, einer in drei Personen – Vater, Sohn und Heiliger Geist. Wir beklagen den Verlust der Einheit als Folge der menschlichen Schwäche und der Sünde, die trotz des Hohepriesterlichen Gebets Christi, des Erlösers, eingetreten ist: »Alle sollen eins sein: Wie du, Vater, in mir bist und ich in dir bin, sollen auch sie in uns sein« (Joh 17,21).

6. Im Bewusstsein, dass zahlreiche Hindernisse andauern, hoffen wir, dass unsere Begegnung zur Wiederherstellung dieser von Gott gewollten Einheit, für die Christus gebetet hat, beitragen kann. Möge unser Treffen die Christen in aller Welt inspirieren, Gott mit neuem Eifer um die volle Einheit aller seiner Jünger zu

bitten. In einer Welt, die von uns nicht nur Worte, sondern auch konkrete Taten erwartet, möge diese Begegnung ein Zeichen der Hoffnung für alle Menschen guten Willens sein!

7. In unserer Entschlossenheit, alles, was notwendig ist, zu unternehmen, um die uns überkommenen geschichtlichen Gegensätze zu überwinden, wollen wir unsere Bemühungen vereinen, um das Evangelium Christi und das allgemeine Erbe der Kirche des ersten Jahrtausends zu bezeugen und miteinander auf die Herausforderungen der gegenwärtigen Welt zu antworten. Orthodoxe und Katholiken müssen lernen, in Bereichen, wo es möglich und notwendig ist, ein einmütiges Zeugnis für die Wahrheit zu geben. Die menschliche Zivilisation ist in eine Zeit epochalen Wandels eingetreten. Unser christliches Gewissen und unsere pastorale Verantwortung erlauben es uns nicht, angesichts der Herausforderungen, die eine gemeinsame Antwort erfordern, untätig zu bleiben.

24. Orthodoxe und Katholiken sind nicht nur durch die gemeinsame Tradition der Kirche des ersten Jahrtausends miteinander verbunden, sondern auch durch die Sendung, das Evangelium Christi in der Welt von heute zu verkünden. Diese Sendung beinhaltet die gegenseitige Achtung für die Mitglieder der christlichen Gemeinschaften und schließt jede Form von Proselytismus aus.

Wir sind nicht Konkurrenten, sondern Geschwister, und von dieser Vorstellung müssen alle unsere wechselseitigen Unternehmungen wie auch die gegenüber der Außenwelt geleitet sein. Wir fordern die Katholiken und die Orthodoxen aller Länder auf zu lernen, in Frieden, in der Liebe und in »Einmütigkeit« (Röm 15,5) zusammenzuleben. So darf man nicht zulassen, dass unlautere Mittel eingesetzt werden, um die Gläubigen zum Übertritt von einer Kirche zur anderen zu bewegen, und so ihre Religionsfreiheit und ihre

Traditionen verneint werden. Wir sind berufen, nach der Regel des Apostels Paulus zu handeln: Ich habe »darauf geachtet, das Evangelium nicht dort zu verkündigen, wo der Name Christi schon bekannt gemacht war, um nicht auf einem fremden Fundament zu bauen« (Röm 15,20).

Franziskus	*Kyrill*
Bischof von Rom	*Patriarch von Moskau*
Papst der katholischen Kirche	*und dem ganzen Rus*

Aus der Gemeinsamen Erklärung von Papst Franziskus und dem russisch-orthodoxen Patriarchen Kyrill I. von Moskau bei ihrer historischen Begegnung in Havanna/Kuba, 12.2.16

Es war ein Gespräch unter Brüdern

Es war ein Gespräch unter Brüdern. Wir haben über klare Punkte gesprochen, die uns beide beunruhigen. In aller Offenheit. Ich fühlte mich einem Bruder gegenüber, und auch er hat mir dasselbe gesagt. Zwei Bischöfe, die von der Lage ihrer Kirchen sprechen, zuerst, und dann auch über die Lage der Welt, die Kriege ..., und über die Lage der orthodoxen Welt, der bevorstehenden Panorthodoxen Synode ... Aber ich sage euch: Wirklich, ich spürte eine innere Freude, die vom Herrn kam. Er sprach frei, und ich auch. Man spürte die Freude. Die Übersetzer waren tüchtig, alle beide. Es war ein Gespräch unter sechs Augen: Patriarch Kyrill, ich, Seine Eminenz Metropolit Hilarión und Seine Eminenz Kardinal Koch, und zwei Übersetzer. Aber in aller Freiheit ...

Man hat ein Programm möglicher gemeinsamer Aktivitäten aufgestellt, denn die Einheit macht man unterwegs. Einmal habe ich gesagt: Wenn man die Einheit durch Untersuchungen macht, durch theologische Untersuchungen usw., dann kommt vielleicht der Herr wieder, und wir sind immer noch dabei, die Einheit zu machen. Die Einheit macht man unterwegs, unterwegs – möge uns der Herr wenigstens, wenn er wiederkommt, auf dem Weg finden!

Dann haben wir diese Erklärung unterzeichnet, die ihr in Händen habt; es wird so viele verschiedene Deutungen dazu geben ... Es ist keine politische Erklärung, es ist keine soziologische Erklärung, es ist eine pastorale Erklärung, auch wenn sie von Säkularismus und von expliziten Dingen spricht, von der biogenetischen Manipulation und all diesen Dingen. Aber sie ist pastoral: von zwei Bischöfen, die sich mit pastoraler Sorge begegnet sind. Und mich hat das glücklich gemacht ...

An Journalisten auf dem Flug von Kuba nach Mexiko, 12.2.16 – Übersetzung des Herausgebers

Niemand weiß, worüber gesprochen wurde

Frage: Die Begegnung mit dem russischen Patriarchen Kyrill und die Unterzeichnung einer gemeinsamen Erklärung ist in aller Welt als ein historischer Schritt gewürdigt worden ... Denken Sie, dass Sie nach Moskau gehen können; sind Sie vom Patriarchen eingeladen worden? Oder vielleicht nach Kreta, um das panorthodoxe Konzil im Frühling zu begrüßen?

Antwort: Ich beginne beim Letzten. Ich werde zugegen sein, im Geiste und mit einer Botschaft. Es würde mir gefallen, dorthin zu gehen und sie auf dem panorthodoxen Konzil zu begrüßen – sie sind Brüder. Doch ich muss Achtung bezeugen. Ich weiß jedoch, dass sie katholische Beobachter einladen wollen, und das ist eine

193   BEZIEHUNGEN ZU DEN ORTHODOXEN KIRCHEN

schöne Brücke. Aber hinter den katholischen Beobachtern werde ich stehen, indem ich mit den besten Wünschen bete, dass die Orthodoxen vorangehen, vorangehen, denn sie sind Brüder, und ihre Bischöfe sind Bischöfe wie wir.

Und dann: Kyrill. Mein Bruder. Wir haben uns geküsst, umarmt, und außerdem ein Gespräch von einer Stunde ... zwei Stunden! Zwei Stunden, in denen wir als Brüder miteinander gesprochen haben, ehrlich und offen, und niemand weiß, worüber gesprochen wurde, nur das, was wir am Ende öffentlich gesagt haben und was sich auf das bezog, was wir bei dem Gespräch empfunden haben.

Frage: Hat Patriarch Kyrill Sie eingeladen, einmal nach Moskau zu kommen?

Antwort: Patriarch Kyrill ... Ich möchte lieber – denn wenn ich eines sage, muss ich auch anderes und wieder anderes sagen – so möchte ich also lieber, dass das, worüber wir allein gesprochen haben, nur eben das ist, was wir öffentlich gesagt haben. Das ist eine Tatsache. Und wenn ich dieses sage, müsste ich auch jenes sagen ... nein! Das, was ich öffentlich gesagt habe, das, was er öffentlich gesagt hat, das ist es, was man über die private Unterredung sagen kann. Andernfalls wäre sie ja nicht privat. Ich kann Ihnen aber das sagen: Ich bin glücklich hinausgegangen; und auch er.

Antworten auf Journalistenfragen
auf dem Flug von Mexiko nach Rom, 17.2.16

Gemeinsame Erklärung III: Besuch bei Flüchtlingen auf Lesbos

Wir, Papst Franziskus, der Ökumenische Patriarch Bartholomäus und Erzbischof Hieronymus von Athen und ganz Griechenland, haben uns auf der griechischen Insel Lesbos getroffen, um unsere tiefe Besorgnis über die tragische Lage der zahlreichen Flüchtlinge, Migranten und Asylsuchenden zum Ausdruck zu bringen, die nach Europa gekommen sind, weil sie vor Konfliktsituationen und – in vielen Fällen – vor der täglichen Bedrohung ihres Lebens geflohen sind. Die Weltöffentlichkeit darf ihre Augen nicht verschließen vor der ungeheuren humanitären Krise, die durch die Ausbreitung von Gewalt und bewaffneten Konflikten, durch Verfolgung und Vertreibung religiöser und ethnischer Minderheiten und durch die Entwurzelung von Familien aus ihrer Heimat unter Verletzung ihrer Menschenwürde und ihrer grundlegenden Menschenrechte und Freiheiten entstanden ist.

Die Tragödie erzwungener Migration und Vertreibung betrifft Millionen von Menschen und ist eine Krise der Menschheit, die zu einer Antwort der Solidarität, des Mitgefühls, der Großherzigkeit und zu einem unverzüglichen praktischen Einsatz der Ressourcen aufruft. Von Lesbos aus appellieren wir an die Internationale Gemeinschaft, mutig zu reagieren und dieser massiven humanitären Krise und den ihr zugrundeliegenden Ursachen durch diplomatische, politische und karitative Initiativen zu begegnen wie auch durch gemeinsame Anstrengungen sowohl im Nahen Osten als auch in Europa.

Als Hirten unserer jeweiligen Kirchen sind wir einig in unserem Wunsch nach Frieden und unserer Bereitschaft, die Lösung von Konflikten durch Dialog und Versöhnung zu fördern. Während wir die bereits unternommenen Anstrengungen, um Hilfe und Fürsorge für Flüchtlinge, Migranten und Asylsuchende bereitzustellen, anerkennen, fordern wir alle politischen Verantwortungsträger auf, jegliche Mittel einzusetzen, um zu gewährleisten, dass

Einzelne und Gemeinschaften, einschließlich der Christen, in ihren Heimatländern bleiben und ihr Grundrecht, in Frieden und Sicherheit zu leben, genießen. Es bedarf dringend eines breiteren internationalen Konsenses und eines Hilfsprogrammes, um die Rechtsordnung aufrechtzuerhalten, in dieser unhaltbaren Situation die grundlegenden Menschenrechte zu verteidigen, Minderheiten zu schützen, Menschenhandel und -schmuggel zu bekämpfen, gefährliche Routen wie die über das Ägäische Meer und das gesamte Mittelmeer auszuschließen und um sichere Umsiedlungsverfahren zu entwickeln. Auf diese Weise werden wir fähig sein, den Ländern zu helfen, die unmittelbar damit zu tun haben, den Bedürfnissen so vieler unserer leidenden Brüder und Schwestern entgegenzukommen. Besonders bringen wir unsere Solidarität gegenüber den Menschen in Griechenland zum Ausdruck, die trotz ihrer eigenen wirtschaftlichen Schwierigkeiten mit Großherzigkeit auf diese Krise reagiert haben.

Gemeinsam plädieren wir mit Nachdruck für ein Ende von Krieg und Gewalt im Nahen Osten, für einen gerechten und dauerhaften Frieden und für eine ehrenvolle Heimkehr derer, die gezwungen waren, ihre Häuser zu verlassen. Wir bitten die Religionsgemeinschaften, ihre Anstrengungen zu verstärken, Flüchtlinge aller Glaubensrichtungen zu empfangen, zu unterstützen und zu schützen und dass religiöse und zivile Hilfsdienste sich bemühen, ihre Initiativen zu koordinieren. Solange die Not besteht, ersuchen wir nachdrücklich alle Länder, zeitlich beschränktes Asyl zu verlängern, denen, die dafür infrage kommen, den Flüchtlingsstatus zu gewähren, ihre Hilfskapazitäten auszudehnen und mit allen Männern und Frauen guten Willens für eine schnelle Beilegung der laufenden Konflikte zu arbeiten.

Europa steht heute vor seiner ernstesten humanitären Krise seit dem Ende des Zweiten Weltkriegs. Um dieser schweren Herausforderung zu begegnen, appellieren wir an alle Christen, auf die Worte des Herrn, nach denen wir einst gerichtet werden, zu achten: »Denn ich war hungrig und ihr habt mir zu essen gegeben; ich war durstig und ihr habt mir zu trinken gegeben; ich war fremd und obdachlos und ihr habt mich aufgenommen; ich war nackt und ihr habt mir Kleidung gegeben; ich war krank und ihr habt mich besucht; ich war im Gefängnis und ihr seid zu mir gekommen [...] Amen, ich sage euch: Was ihr für einen meiner geringsten Brüder getan habt, das habt ihr mir getan« (Mt 25,35–36.40).

Was uns betrifft, so beschließen wir im Gehorsam gegenüber dem Willen unseres Herrn Jesus Christus fest und aus ganzem Herzen, unsere Anstrengungen zur Förderung der vollen Einheit aller Christen zu verstärken. Wir bekräftigen erneut unsere Überzeugung, dass es: »zur Versöhnung gehört [...], die soziale Gerechtigkeit in und unter allen Völkern zu fördern [...]. Gemeinsam wollen wir dazu beitragen, dass Migranten und Migrantinnen, Flüchtlinge und Asylsuchende in Europa menschenwürdig aufgenommen werden« (»Charta Oecumenica« [Straßburg 2001], 8). Indem wir die grundlegenden Menschenrechte der Flüchtlinge, Asylsuchenden und Migranten sowie der vielen ausgegrenzten Menschen in unseren Gesellschaften verteidigen, sind wir bestrebt, die Sendung der Kirche zum Dienst an der Welt zu erfüllen.

Unser heutiges Treffen möchte dazu beitragen, denen, die Zuflucht suchen, und allen, die sie empfangen und ihnen beistehen, Mut und Hoffnung zu bringen. Wir bitten die internationale Gemeinschaft dringend, den Schutz menschlichen Lebens zur Priorität zu erheben und auf allen Ebenen inklusive Politik zu unterstützen, die sich auf alle Religionsgemeinschaften erstreckt. Die schreckliche Situation all derer, die von der gegenwärtigen humanitären Krise betroffen sind, einschließlich so vieler unserer christlichen Brüder und Schwestern, verlangt unser fortwährendes Gebet.

Lesbos, 16. April 2016

Hieronymus II   Franziskus   Bartholomäus I

GEMEINSAME ERKLÄRUNG VON BARTHOLOMAIOS I.,
PATRIARCH VON KONSTANTINOPEL,
ERZBISCHOF HIERONYMUS VON ATHEN UND GANZ
GRIECHENLAND UND PAPST FRANZISKUS BEIM BESUCH EINES
FLÜCHTLINGSLAGERS AUF DER INSEL LESBOS, 16.4.16

9. Fundstücke

In unserem letzten Kapitel finden sich einige verstreute Papstzitate, die sich der Klassifizierung entziehen. Dennoch sind sie wichtig, weil sie das Bild von Franziskus als Ökumeniker abrunden.

Unordnung

Dem Anschein nach schafft der Heilige Geist Unordnung in der Kirche, weil er die Unterschiedlichkeit der Charismen, der Gaben bringt, doch unter seinem Wirken ist all das ein großer Reichtum, denn der Heilige Geist ist der Geist der Einheit, was nicht Einförmigkeit bedeutet, sondern eine Rückführung von allem in die *Harmonie*. Die Harmonie bewirkt in der Kirche der Heilige Geist. Einer der Kirchenväter verwendet einen Ausdruck, der mir sehr gefällt: Der Heilige Geist »*ipse harmonia est*« – ist selbst die Harmonie. Nur er kann die Unterschiedlichkeit, die Pluralität, die Vielfalt erwecken und zugleich die Einheit bewirken. Auch hier gilt: Wenn wir selbst die Verschiedenheit schaffen wollen und uns in unseren Parteilichkeiten, in unseren Ausschließlichkeiten verschließen, führen wir in die Spaltung; und wenn wir selbst nach unseren menschlichen Plänen die Einheit herstellen wollen, schaffen wir letztlich die Einförmigkeit, die Schematisierung. Wenn wir uns hingegen vom Geist leiten lassen, führen Reichtum, Vielfältigkeit, Unterschiedlichkeit nie zum Konflikt, denn er bringt uns dazu, die Vielfältigkeit im Miteinander der Kirche zu leben.

PREDIGT AN PFINGSTEN, 19.5.13

Anerkennen

In den ökumenischen Beziehungen ist dies wichtig: das, was der Geist in den anderen gesät hat, nicht nur besser zu kennen, sondern vor allem auch besser anzuerkennen als ein Geschenk auch an uns.

ANTONIO SPADARO, INTERVIEW MIT PAPST FRANZISKUS, VERÖFFENTLICHT AM 19.9.13

Weg Jesu

Wir müssen vereint in den Unterschieden vorangehen. Es gibt keinen anderen Weg, um eins zu werden. Das ist der Weg Jesu.

ANTONIO SPADARO, INTERVIEW MIT PAPST FRANZISKUS, VERÖFFENTLICHT AM 19.9.13

Teufel

Die Einheit kommt vom Heiligen Geist und geht aus der Einheit der Heiligen Dreifaltigkeit hervor. Die Spaltung, woher kommt sie? Vom Teufel! Die Spaltung kommt von Teufel! Bitte, meidet die inneren Kämpfe! Unter euch soll es sie nicht geben!

AN DIE CHARISMATISCHE BEWEGUNG, 1.6.14

Irrtümer

(Es geht um) Übereinstimmung in der Einheit, nicht in der Einförmigkeit. Jeder hat sein eigenes Charisma, jeder hat seine eigene Art und Weise zu denken, die Dinge zu sehen: diese Verschiedenheit ist zuweilen Ergebnis von Irrtümern, aber sehr oft ist sie die Frucht des Heiligen Geistes. Der Heilige Geist wollte, dass es in der Kirche diese Verschiedenheit der Charismen gibt. Demselben Geist, der die Verschiedenheit bewirkt, ist es dann auch gelungen, Einheit zu schaffen: eine Einheit in der Verschiedenheit eines jeden, ohne dass jemand die eigene Persönlichkeit verliert.

BEGEGNUNG MIT DEM KLERUS VON CASERTA, 26.7.14

Veränderung

Der Weg zur Einheit beginnt mit einer Umwandlung des Herzens, einer inneren Bekehrung (vgl. »Unitatis redintegratio«, 4). Es ist ein geistlicher Weg von der Begegnung zur Freundschaft, von der Freundschaft zur brüderlichen Gemeinsamkeit, von der brüderlichen Gemeinsamkeit zur Gemeinschaft. Auf diesem Weg ist Veränderung unvermeidlich. Wir müssen immer bereit sein, die Eingebungen des Heiligen Geistes, der uns in die ganze Wahrheit führt (vgl. Joh 16,13), zu hören und ihnen zu folgen.

AN ALTKATHOLIKEN, 30.10.14

Bekehrung

Die Seele der Ökumene besteht in der »Bekehrung des Herzens« und in der »Heiligkeit des Lebens, in Verbindung mit dem privaten und öffentlichen Gebet für die Einheit der Christen« (»Unitatis redintegratio«, 8). Indem wir füreinander und miteinander beten, werden unsere Differenzen aufgenommen und überwunden in der Treue zum Herrn und zu seinem Evangelium.

AN ALTKATHOLIKEN, 30.10.14

Kräfte

Ich bin mir der Tatsache bewusst, dass »dieses heilige Anliegen der Wiederversöhnung aller Christen in der Einheit der einen und einzigen Kirche Christi die menschlichen Kräfte und Fähigkeiten übersteigt« (»Unitatis redintegratio«, 24). Unsere Hoffnung liegt im Gebet Christi für die Kirche. Dringen wir also noch tiefer in dieses Gebet ein ...

AN ALTKATHOLIKEN, 30.10.14

Unterschiede

Im Evangeliumsabschnitt, den wir heute in der heiligen Messe gelesen haben, gab es diese Uniformität der Männer, die am Buchstaben klebten: »Das darf man so nicht tun ...«, so dass der Herr die Frage stellen musste: »Sage mir, ist es erlaubt, am Sabbat Gutes zu tun, oder darf man das nicht?« Das ist die Gefahr der Uniformität. Einheit bedeutet zuhören zu wissen, die Verschiedenheiten anzunehmen, die Freiheit zu haben, anders zu denken und es auszusprechen! Mit allem Respekt gegenüber dem anderen, der mein Bruder ist. Habt keine Angst vor Unterschieden!

AN CHARISMATIKER, 31.10.14

Uniformität

Uniformität ist nicht katholisch, sie ist nicht christlich. Einheit in der Verschiedenheit. Die katholische Einheit ist verschieden, aber sie ist eins. Das ist seltsam! Derselbe, der die Verschiedenheit bewirkt, ist auch derselbe, der dann Einheit schafft: der Heilige Geist. Er bewirkt beides: Einheit in der Verschiedenheit. Einheit ist keine Uniformität, bedeutet weder gezwungenermaßen alles gemeinsam zu tun noch in derselben Weise zu denken und auch nicht, die Identität zu verlieren. Einheit in der Verschiedenheit ist genau das Gegenteil, heißt mit Freude die unterschiedlichen Gaben anzuerkennen und anzunehmen, die der Heilige Geist jedem gibt, und sie in der Kirche in den Dienst aller zu stellen.

ANSPRACHE, 31.10.14

Blut

Man darf nicht vergessen, dass uns heute das Blut Jesu, vergossen von seinen vielen christlichen Märtyrern in verschiedenen Teilen der Welt, herausfordert und zur Einheit drängt. Für die Verfolger sind wir nicht geteilt, sind wir nicht Lutheraner, Orthodoxe, Protestanten, Katholiken … Nein! Wir sind eins! Für die Verfolger sind wir Christen! Etwas anderes interessiert nicht. Das ist die Ökumene des Blutes, die heute gelebt wird. Denkt daran: Sucht die Einheit, die Werk des Heiligen Geistes ist, und habt keine Angst vor Unterschieden.

AN CHARISMATIKER, 31.10.14

Globalisierung

Wenn wir, als Christen, versuchen wollen, uns den vielen Problemen und Dramen unserer Zeit entschlossen zu stellen, dann müssen wir als Brüder sprechen und handeln – und auf eine Art und Weise, die für alle leicht erkennbar ist. Auch das ist – vielleicht in erster Linie für uns – eine Art und Weise, auf die Globalisierung der Gleichgültigkeit mit einer Globalisierung der Solidarität und Brüderlichkeit zu antworten, die unter den Getauften noch klarer erstrahlen muss.

ANSPRACHE, 7.11.14

Heilungsprozess

In der Heiligen Schrift und der Tradition der Kirche verwurzelte theologische Beweggründe haben bei uns Katholiken in diesen Jahren eine veränderte Haltung gegenüber den Christen anderer Kirchen und kirchlicher Gemeinschaften bewirkt. Feindseligkeit und Gleichgültigkeit, die scheinbar unüberwindliche Gräben geschaffen und tiefe Wunden verursacht hatten, gehören mittlerweile der Vergangenheit an, während ein Heilungsprozess eingeleitet wurde, der es erlaubt, den anderen als Bruder oder Schwester anzunehmen – in der tiefen Einheit, die der Taufe entspringt. Dieser Mentalitätswandel ... kann und muss immer tiefer die theologische Lehre und die pastorale Praxis der Diözesen, der Institute des geweihten Lebens, der kirchlichen Vereinigungen und Bewegungen durchdringen.

SCHREIBEN AN DEN PÄPSTLICHEN
EINHEITSRAT, 20.11.14

Zusammenarbeit

Insbesondere hat sich erfüllt, was das Konzil empfohlen hatte: die Wertschätzung dessen, was es an Gutem und Wahren im Leben der Christen jeder Gemeinschaft gibt. All dies hat einen vertieften Kontakt zu vielen Kirchen und kirchlichen Gemeinschaften sowie die Entwicklung neuer Formen der Zusammenarbeit erlaubt. Sehr wichtig waren in dieser Hinsicht die ökumenischen Übersetzungen der Heiligen Schrift.

SCHREIBEN AN DEN PÄPSTLICHEN EINHEITSRAT, 20.11.14

Weltweites Netz

Die geistliche Ökumene ... ist lebendig und entwickelt sich durch zahllose Kanäle, die nur der Herr wirklich sieht, die aber auch wir zu unserer Freude oft erkennen können: Sie ist ein weltweites Netz von Momenten des Gebets, das von der Ebene der Pfarrei oder der internationalen Ebene aus im Leib der Kirche den Sauerstoff des echten ökumenischen Geistes verteilt; ein Netz der Gesten, die uns in der Arbeit vieler Werke der Nächstenliebe vereint sehen; sie ist auch ein gemeinsames Teilen von Gebeten, Meditationen und anderen Texten, die im Internet zirkulieren und zu einem wachsenden gegenseitigen Kennenlernen beitragen können, zu gegenseitigem Respekt und gegenseitiger Wertschätzung.

SCHREIBEN AN DEN PÄPSTLICHEN EINHEITSRAT, 20.11.14

Geschenk

In diesen Monaten habe ich bei den Begegnungen mit vielen nicht-katholischen Christen oder beim Lesen ihrer Briefe sehen können, dass es trotz der uns noch trennenden offenen Fragen, den weit verbreiteten und starken Wunsch gibt, den Weg gemeinsam zu gehen, gemeinsam zu beten, den Herrn kennenzulernen und zu lieben, im Dienst und in der Solidarität mit den Schwachen und Leidenden zusammenzuarbeiten. Ich bin überzeugt: Auf einem gemeinsamen Weg können wir – unter der Führung des Heiligen

Geistes und indem wir voneinander lernen – in der Gemeinschaft wachsen, die uns bereits verbindet ... Die Einheit ist vor allem Geschenk Gottes und Werk des Heiligen Geistes, aber wir alle sind aufgerufen, immer und in jeder Situation mitzuwirken.

SCHREIBEN AN DEN PÄPSTLICHEN EINHEITSRAT, 20.11.14

Entgegenkommen

Die Ökumene ist ein Beitrag nicht nur zur Einheit der Kirche, sondern auch zur Einheit der Menschheitsfamilie (vgl. »Evangelii gaudium«, 245). Sie begünstigt ein fruchtbares, friedfertiges und brüderliches Zusammenleben. Im Gebet und in der gemeinsamen Verkündigung Jesu, des Herrn, müssen wir allerdings darauf achten, den Gläubigen jeder christlichen Konfession zu erlauben, ihren Glauben unmissverständlich und frei von Verwechslung zu leben und ohne die Unterschiede auf Kosten der Wahrheit wegzuretuschieren. Wenn wir zum Beispiel unter dem Vorwand eines gewissen Entgegenkommens unseren eucharistischen Glauben verbergen müssen, dann nehmen wir weder unseren eigenen Schatz noch unsere Gesprächspartner genügend ernst. Ebenso muss in den Schulen der Religionsunterricht die Besonderheiten jeder Konfession berücksichtigen.

AN SCHWEIZER BISCHÖFE, 1.12.14

Gegensätzliche Empfindungen

Danken wir Gott dafür, dass wir als evangelische und katholische Christen heute auf dem Weg sind, der vom Konflikt zur Gemeinschaft führt. Wir haben zusammen schon eine bedeutende

Wegstrecke zurückgelegt. Bei der Wanderung haben wir gegensätzliche Empfindungen verspürt: den Schmerz über die Spaltung, die noch unter uns besteht, aber auch die Freude über die Brüderlichkeit, die wir schon wiedergefunden haben.

AN EINE ÖKUMENISCHE BESUCHERGRUPPE, 13.10.16

Schon eins

Mit Vertrauen können wir unseren okumenischen Weg fortsetzen, weil wir wissen, dass wir – über viele offene Fragen hinaus, die uns noch trennen – schon eins sind. Das, was uns eint, ist schon viel mehr als das, was uns trennt!

AN EINE ÖKUMENISCHE BESUCHERGRUPPE, 13.10.16

Sich treffen

Während die Theologen den Dialog im Bereich der Lehre voranbringen, mögt ihr damit fortfahren, beharrlich Gelegenheiten zu suchen, um euch zu treffen, euch besser kennenzulernen, miteinander zu beten und auch euch gegenseitig oder all jenen, die in Not sind, eure Hilfe anzubieten. Wenn ihr frei von jedem Vorurteil seid und euch ganz auf das Evangelium Jesu Christi, der den Frieden und die Versöhnung verkündet, verlasst, werdet ihr so zu echten Protagonisten einer neuen Etappe auf diesem Weg, der schließlich mit Gottes Hilfe zur vollen Gemeinschaft führt.

AN EINE ÖKUMENISCHE BESUCHERGRUPPE, 13.10.16